U0915503

2018
广西经济普查年鉴

Guangxi Economic Census Yearbook

●第三产业卷

广西第四次全国经济普查领导小组办公室　编著

线装书局

图书在版编目（CIP）数据

广西经济普查年鉴. 2018. 第三产业卷 / 广西第四次全国经济普查领导小组办公室编著. -- 北京 : 线装书局, 2020.9

ISBN 978-7-5120-4122-6

Ⅰ. ①广… Ⅱ. ①广… Ⅲ. ①经济一普查一广西一2018一年鉴 Ⅳ. ①F127.67-54

中国版本图书馆 CIP 数据核字(2020)第 173200 号

广西经济普查年鉴（2018）——第三产业卷

编 著 者：广西第四次全国经济普查领导小组办公室
责任编辑：周思远
出版发行：线装書局
地 址：北京市丰台区方庄日月天地大厦 B 座 17 层（100078）
电 话：010-58077126（发行部）010-58076938（总编室）
网 址：www.zgxzsj.com
经 销：新华书店
印 制：广西汇望凤凰印务有限公司
开 本：880mm×1230mm 1/16
印 张：20.25
字 数：852 千字
版 次：2020 年 9 月第 1 版第 1 次印刷

线装书局官方微信

定 价：680.00 元（全 4 册）

编辑组人员

第一篇　批发和零售业企业基本情况及财务状况

主　　编：叶志杰

副 主 编：吴泰军　钟业宁

编辑人员：袁夏莹　张　茵　闫室丞　秦辰榕

数据处理：袁夏莹

责任校对：袁夏莹

第二篇　住宿和餐饮业企业基本情况及财务状况

主　　编：叶志杰

副 主 编：吴泰军　钟业宁

编辑人员：袁夏莹　张　茵　闫室丞　秦辰榕

数据处理：袁夏莹

责任校对：袁夏莹

第三篇　房地产开发经营业生产经营及财务状况

主　　编：温丹丹

副 主 编：任亚平　陈李全

编辑人员：何志雄　覃文涛　吴　凯　莫秋丽

数据处理：何志雄

责任校对：何志雄

第四篇　服务业企业财务状况

主　　编：唐素平

副 主 编：李洁芳

编辑人员：邓海梅　刘靖华　陆楚华　吴秀丽

数据处理：吴秀丽

责任校对：吴秀丽

第五篇　服务业行政事业及非企业法人单位

主　　编：唐素平

副 主 编：李洁芳

编辑人员：邓海梅　刘靖华　陆楚华　吴秀丽

数据处理：吴秀丽

责任校对：吴秀丽

第六篇　企业信息化和电子商务交易情况

主　　编：唐素平

副 主 编：李洁芳

编辑人员：邓海梅　刘靖华　陆楚华　吴秀丽

数据处理：吴秀丽

责任校对：吴秀丽

第三产业卷 目录

第一篇 批发和零售业企业基本情况及财务状况

第二篇 住宿和餐饮业企业基本情况及财务状况

第三篇　房地产开发经营业生产经营及财务状况

第四篇 服务业企业财务状况

第五篇　服务业行政事业及非企业法人单位

第六篇　企业信息化和电子商务交易情况

附　录

第一篇

批发和零售业企业基本情况及财务状况

1-A-1　批发业法人企业基本情况

分　组	代码	法人单位数（个）	从业人员期末人数（人）
批发业	**51**	**71339**	**329562**
按国民经济行业分组			
农、林、牧、渔产品批发	511	5613	23282
谷物、豆及薯类批发	5111	419	2515
种子批发	5112	405	1453
畜牧渔业饲料批发	5113	1326	4668
棉、麻批发	5114	7	85
林业产品批发	5115	454	1930
牲畜批发	5116	363	2815
渔业产品批发	5117	88	218
其他农牧产品批发	5119	2551	9598
食品、饮料及烟草制品批发	512	9342	55508
米、面制品及食用油批发	5121	651	5170
糕点、糖果及糖批发	5122	340	2527
果品、蔬菜批发	5123	2191	11535
肉、禽、蛋、奶及水产品批发	5124	899	5512
盐及调味品批发	5125	105	1048
营养和保健品批发	5126	221	838
酒、饮料及茶叶批发	5127	1491	7236
烟草制品批发	5128	35	7182
其他食品批发	5129	3409	14460
纺织、服装及家庭用品批发	513	6466	26433
纺织品、针织品及原料批发	5131	420	1776
服装批发	5132	1143	4115
鞋帽批发	5133	65	393
化妆品及卫生用品批发	5134	506	2236
厨具卫具及日用杂品批发	5135	1834	5168
灯具、装饰物品批发	5136	303	1125
家用视听设备批发	5137	129	914
日用家电批发	5138	873	5761
其他家庭用品批发	5139	1193	4945
文化、体育用品及器材批发	514	1847	7002
文具用品批发	5141	996	3240
体育用品及器材批发	5142	215	821
图书批发	5143	115	1194
报刊批发	5144		

1-A-1 续表 1

分　　组	代码	法人单位数（个）	从业人员期末人数（人）
音像制品、电子和数字出版物批发	5145	11	33
首饰、工艺品及收藏品批发	5146	372	1256
乐器批发	5147	3	10
其他文化用品批发	5149	135	448
医药及医疗器材批发	515	2971	28996
西药批发	5151	249	8714
中药批发	5152	565	6552
动物用药品批发	5153	431	1190
医疗用品及器材批发	5154	1726	12540
矿产品、建材及化工产品批发	516	23823	109750
煤炭及制品批发	5161	561	2876
石油及制品批发	5162	733	16639
非金属矿及制品批发	5163	430	1926
金属及金属矿批发	5164	2856	16315
建材批发	5165	10472	38831
化肥批发	5166	5072	18322
农药批发	5167	2160	6905
农用薄膜批发	5168	21	78
其他化工产品批发	5169	1518	7858
机械设备、五金产品及电子产品批发	517	13322	54494
农业机械批发	5171	843	3041
汽车及零配件批发	5172	1141	7088
摩托车及零配件批发	5173	86	396
五金产品批发	5174	3525	10668
电气设备批发	5175	1432	5180
计算机、软件及辅助设备批发	5176	941	4109
通讯设备批发	5177	363	2734
广播影视设备批发	5178	34	265
其他机械设备及电子产品批发	5179	4957	21013
贸易经纪与代理	518	3894	9597
贸易代理	5181	3475	8263
一般物品拍卖	5182	161	578
艺术品、收藏品拍卖	5183	12	24
艺术品代理	5184	1	3
其他贸易经纪与代理	5189	245	729

1-A-1　续表 2

分　　组	代码	法人单位数（个）	从业人员期末人数（人）
其他批发业	519	4061	14500
再生物资回收与批发	5191	1398	4874
宠物食品用品批发	5192	18	38
互联网批发	5193	74	155
其他未列明批发业	5199	2571	9433
按登记注册类型分组			
内资企业	100	71188	328365
国有企业	110	329	11127
集体企业	120	448	5314
股份合作企业	130	27	182
联营企业	140	18	122
有限责任公司	150	7945	63211
股份有限公司	160	870	10625
私营企业	170	60146	229829
其他企业	190	1405	7955
港、澳、台商投资企业	200	68	554
合资经营企业（港或澳、台资）	210	27	348
合作经营企业（港或澳、台资）	220	2	10
港、澳、台商独资经营企业	230	33	155
港、澳、台商投资股份有限公司	240	4	33
其他港、澳、台商投资企业	290	2	8
外商投资企业	300	83	643
中外合资经营企业	310	15	143
中外合作经营企业	320	1	
外资企业	330	57	440
外商投资股份有限公司	340	5	52
其他外商投资企业	390	5	8

1-A-2 限额以上批发业法人企业基本情况

分 组	代码	法人单位数（个）	从业人员期末人数（人）
批发业	**51**	**1538**	**76559**
按国民经济行业分组			
农、林、牧、渔产品批发	511	88	2507
谷物、豆及薯类批发	5111	35	994
种子批发	5112	1	12
畜牧渔业饲料批发	5113	23	298
棉、麻批发	5114	1	25
林业产品批发	5115	6	96
牲畜批发	5116	8	700
渔业产品批发	5117		
其他农牧产品批发	5119	14	382
食品、饮料及烟草制品批发	512	218	18776
米、面制品及食用油批发	5121	39	2388
糕点、糖果及糖批发	5122	42	1025
果品、蔬菜批发	5123	50	1609
肉、禽、蛋、奶及水产品批发	5124	22	1502
盐及调味品批发	5125	3	559
营养和保健品批发	5126	4	170
酒、饮料及茶叶批发	5127	23	2158
烟草制品批发	5128	14	7125
其他食品批发	5129	21	2240
纺织、服装及家庭用品批发	513	114	6027
纺织品、针织品及原料批发	5131	15	265
服装批发	5132	13	521
鞋帽批发	5133	3	127
化妆品及卫生用品批发	5134	12	758
厨具卫具及日用杂品批发	5135	11	338
灯具、装饰物品批发	5136	4	141
家用视听设备批发	5137	10	389
日用家电批发	5138	32	2648
其他家庭用品批发	5139	14	840
文化、体育用品及器材批发	514	24	849
文具用品批发	5141	16	298
体育用品及器材批发	5142	1	6
图书批发	5143	6	416
报刊批发	5144		
音像制品、电子和数字出版物批发	5145		
首饰、工艺品及收藏品批发	5146	1	129

1-A-2　续表 1

分　组	代码	法人单位数（个）	从业人员期末人数（人）
乐器批发	5147		
其他文化用品批发	5149		
医药及医疗器材批发	515	170	12835
西药批发	5151	67	6449
中药批发	5152	54	3404
动物用药品批发	5153		
医疗用品及器材批发	5154	49	2982
矿产品、建材及化工产品批发	516	665	25697
煤炭及制品批发	5161	61	981
石油及制品批发	5162	91	12693
非金属矿及制品批发	5163	9	242
金属及金属矿批发	5164	221	4872
建材批发	5165	143	2569
化肥批发	5166	53	2125
农药批发	5167	8	729
农用薄膜批发	5168		
其他化工产品批发	5169	79	1486
机械设备、五金产品及电子产品批发	517	224	8020
农业机械批发	5171	8	85
汽车及零配件批发	5172	63	2653
摩托车及零配件批发	5173	4	127
五金产品批发	5174	40	673
电气设备批发	5175	7	85
计算机、软件及辅助设备批发	5176	30	820
通讯设备批发	5177	12	511
广播影视设备批发	5178	2	95
其他机械设备及电子产品批发	5179	58	2971
贸易经纪与代理	518	1	8
贸易代理	5181		
一般物品拍卖	5182		
艺术品、收藏品拍卖	5183		
艺术品代理	5184		
其他贸易经纪与代理	5189	1	8
其他批发业	519	34	1840
再生物资回收与批发	5191	19	271
宠物食品用品批发	5192		
互联网批发	5193	1	24
其他未列明批发业	5199	14	1545

1-A-2 续表 2

分 组	代码	法人单位数（个）	从业人员期末人数（人）
按登记注册类型分组			
内资企业	100	1529	76399
国有企业	110	41	8657
集体企业	120	14	1191
股份合作企业	130	2	29
联营企业	140		
有限责任公司	150	417	29730
股份有限公司	160	38	6750
私营企业	170	1005	29061
其他企业	190	12	981
港、澳、台商投资企业	200	5	60
合资经营企业（港或澳、台资）	210	2	48
合作经营企业（港或澳、台资）	220		
港、澳、台商独资经营企业	230	2	10
港、澳、台商投资股份有限公司	240		
其他港、澳、台商投资企业	290	1	2
外商投资企业	300	4	100
中外合资经营企业	310	1	71
中外合作经营企业	320		
外资企业	330	3	29
外商投资股份有限公司	340		
其他外商投资企业	390		
按单位规模			
大型	1	62	26189
中型	2	398	32934
小型	3	840	15411
微型	4	238	2025

1-A-3　批发业法人企业财务状况

计量单位：亿元

分　组	代码	资产总计	负债合计	营业收入
批发业	**51**	**5248.98**	**3681.58**	**7866.76**
按国民经济行业分组				
农、林、牧、渔产品批发	511	222.00	147.67	233.38
谷物、豆及薯类批发	5111	77.35	66.21	41.17
种子批发	5112	7.16	2.58	5.55
畜牧渔业饲料批发	5113	32.47	20.20	87.41
棉、麻批发	5114	3.04	2.55	1.27
林业产品批发	5115	17.49	12.08	28.32
牲畜批发	5116	18.62	9.59	18.78
渔业产品批发	5117	1.08	0.31	0.28
其他农牧产品批发	5119	64.80	34.15	50.60
食品、饮料及烟草制品批发	512	781.46	496.98	1252.17
米、面制品及食用油批发	5121	98.09	58.95	103.76
糕点、糖果及糖批发	5122	285.55	229.69	387.44
果品、蔬菜批发	5123	36.56	14.64	91.02
肉、禽、蛋、奶及水产品批发	5124	40.40	24.86	43.54
盐及调味品批发	5125	29.84	15.80	25.98
营养和保健品批发	5126	12.00	1.71	3.99
酒、饮料及茶叶批发	5127	45.22	31.98	44.60
烟草制品批发	5128	109.40	25.40	384.13
其他食品批发	5129	124.40	93.96	167.72
纺织、服装及家庭用品批发	513	255.38	221.50	237.76
纺织品、针织品及原料批发	5131	17.68	25.65	15.77
服装批发	5132	13.73	10.43	27.04
鞋帽批发	5133	1.41	0.97	3.36
化妆品及卫生用品批发	5134	22.93	12.96	22.98
厨具卫具及日用杂品批发	5135	19.75	11.80	29.83
灯具、装饰物品批发	5136	4.51	3.24	4.80
家用视听设备批发	5137	4.19	3.11	8.11
日用家电批发	5138	132.12	121.55	96.69
其他家庭用品批发	5139	39.07	31.80	29.17
文化、体育用品及器材批发	514	99.27	65.03	70.57
文具用品批发	5141	36.45	24.94	33.92
体育用品及器材批发	5142	2.04	1.28	2.38
图书批发	5143	52.90	33.32	26.49
报刊批发	5144			

计量单位：亿元

1-A-3 续表 1

分　组	代码	资产总计	负债合计	营业收入
音像制品、电子和数字出版物批发	5145	0.14	0.02	0.05
首饰、工艺品及收藏品批发	5146	5.86	4.17	4.34
乐器批发	5147	0.01	0.01	0.01
其他文化用品批发	5149	1.87	1.29	3.37
医药及医疗器材批发	515	323.85	241.34	458.15
西药批发	5151	145.81	120.44	214.66
中药批发	5152	72.85	52.75	114.56
动物用药品批发	5153	1.81	0.81	3.38
医疗用品及器材批发	5154	103.38	67.33	125.55
矿产品、建材及化工产品批发	516	2835.08	1954.64	4780.82
煤炭及制品批发	5161	249.78	166.01	272.18
石油及制品批发	5162	513.70	358.45	977.72
非金属矿及制品批发	5163	37.68	26.49	30.48
金属及金属矿批发	5164	1132.18	819.12	2299.19
建材批发	5165	567.07	360.35	781.41
化肥批发	5166	84.59	50.79	115.04
农药批发	5167	18.81	8.30	23.32
农用薄膜批发	5168	0.72	0.64	1.15
其他化工产品批发	5169	230.54	164.48	280.33
机械设备、五金产品及电子产品批发	517	461.17	362.12	605.46
农业机械批发	5171	18.13	10.59	14.59
汽车及零配件批发	5172	101.11	72.13	138.25
摩托车及零配件批发	5173	4.14	3.18	6.34
五金产品批发	5174	79.45	55.75	133.18
电气设备批发	5175	31.94	19.30	51.52
计算机、软件及辅助设备批发	5176	18.64	11.00	37.55
通讯设备批发	5177	14.25	9.98	31.03
广播影视设备批发	5178	0.69	0.47	2.19
其他机械设备及电子产品批发	5179	192.82	179.74	190.81
贸易经纪与代理	518	124.36	76.58	65.86
贸易代理	5181	117.63	72.75	59.99
一般物品拍卖	5182	3.37	1.31	0.59
艺术品、收藏品拍卖	5183	0.06	0.01	0.01
艺术品代理	5184			
其他贸易经纪与代理	5189	3.30	2.51	5.27
其他批发业	519	146.41	115.73	162.59
再生物资回收与批发	5191	26.55	17.89	72.99

1-A-3　续表 2

计量单位：亿元

分　组	代码	资产总计	负债合计	营业收入
宠物食品用品批发	5192	0.03	0.01	0.03
互联网批发	5193	0.31	0.06	0.57
其他未列明批发业	5199	119.53	97.76	89.00
按登记注册类型分组				
内资企业	100	5217.42	3655.49	7825.37
国有企业	110	186.88	75.23	517.86
集体企业	120	25.63	19.14	24.10
股份合作企业	130	1.33	0.94	2.90
联营企业	140	0.46	1.26	0.06
有限责任公司	150	2505.12	1799.38	4007.29
股份有限公司	160	389.85	253.37	309.57
私营企业	170	2090.79	1502.80	2944.58
其他企业	190	17.35	3.37	19.01
港、澳、台商投资企业	200	21.85	18.92	33.26
合资经营企业（港或澳、台资）	210	7.59	6.94	10.65
合作经营企业（港或澳、台资）	220	0.81		
港、澳、台商独资经营企业	230	9.05	8.50	20.03
港、澳、台商投资股份有限公司	240	1.92	1.07	1.83
其他港、澳、台商投资企业	290	2.48	2.40	0.76
外商投资企业	300	9.72	7.18	8.14
中外合资经营企业	310	1.95	0.83	2.30
中外合作经营企业	320			
外资企业	330	7.66	6.32	5.68
外商投资股份有限公司	340	0.07	0.01	0.10
其他外商投资企业	390	0.04	0.02	0.05

1-A-4 限额以上批发业法人企业财务状况

计量单位：亿元

分　组	代码	资产总计	负债合计	营业收入
批发业	**51**	**3061.42**	**2226.56**	**5756.46**
按国民经济行业分组				
农、林、牧、渔产品批发	511	106.71	88.54	131.87
谷物、豆及薯类批发	5111	63.24	55.14	36.76
种子批发	5112	0.02		0.28
畜牧渔业饲料批发	5113	10.52	8.44	47.18
棉、麻批发	5114	2.66	2.28	1.16
林业产品批发	5115	9.05	7.97	21.59
牲畜批发	5116	6.11	3.86	12.51
渔业产品批发	5117			
其他农牧产品批发	5119	15.12	10.84	12.40
食品、饮料及烟草制品批发	512	535.69	341.19	1053.33
米、面制品及食用油批发	5121	71.75	43.98	84.36
糕点、糖果及糖批发	5122	224.02	181.80	368.32
果品、蔬菜批发	5123	9.90	4.07	67.14
肉、禽、蛋、奶及水产品批发	5124	18.63	14.07	28.23
盐及调味品批发	5125	18.49	5.20	4.10
营养和保健品批发	5126	0.47	0.44	2.18
酒、饮料及茶叶批发	5127	21.42	18.78	24.88
烟草制品批发	5128	108.97	25.20	384.07
其他食品批发	5129	62.04	47.65	90.06
纺织、服装及家庭用品批发	513	172.18	155.31	159.40
纺织品、针织品及原料批发	5131	9.02	8.44	10.11
服装批发	5132	4.38	4.01	19.47
鞋帽批发	5133	0.73	0.55	2.53
化妆品及卫生用品批发	5134	17.90	9.97	16.28
厨具卫具及日用杂品批发	5135	3.30	2.94	12.57
灯具、装饰物品批发	5136	1.40	1.32	1.47
家用视听设备批发	5137	1.95	1.73	5.43
日用家电批发	5138	112.23	107.14	79.38
其他家庭用品批发	5139	21.28	19.21	12.16
文化、体育用品及器材批发	514	73.12	49.27	40.21
文具用品批发	5141	23.50	16.12	16.64
体育用品及器材批发	5142	0.18	0.14	0.06
图书批发	5143	46.75	30.48	21.65
报刊批发	5144			
音像制品、电子和数字出版物批发	5145			
首饰、工艺品及收藏品批发	5146	2.68	2.53	1.85

1-A-4　续表 1

计量单位：亿元

分　组	代码	资产总计	负债合计	营业收入
乐器批发	5147			
其他文化用品批发	5149			
医药及医疗器材批发	515	216.41	170.41	348.79
西药批发	5151	125.73	103.78	201.06
中药批发	5152	53.39	42.42	91.94
动物用药品批发	5153			
医疗用品及器材批发	5154	37.28	24.21	55.79
矿产品、建材及化工产品批发	516	1710.26	1211.89	3622.02
煤炭及制品批发	5161	115.02	72.71	215.47
石油及制品批发	5162	477.06	337.27	921.37
非金属矿及制品批发	5163	20.33	18.20	16.90
金属及金属矿批发	5164	739.10	518.72	1845.01
建材批发	5165	188.15	136.00	364.28
化肥批发	5166	19.04	13.29	49.35
农药批发	5167	2.85	2.05	6.66
农用薄膜批发	5168			
其他化工产品批发	5169	148.71	113.66	202.98
机械设备、五金产品及电子产品批发	517	163.18	130.21	304.13
农业机械批发	5171	1.24	0.96	2.08
汽车及零配件批发	5172	62.15	46.31	95.04
摩托车及零配件批发	5173	3.24	2.75	4.49
五金产品批发	5174	12.43	8.91	59.69
电气设备批发	5175	1.70	1.56	18.96
计算机、软件及辅助设备批发	5176	4.95	3.23	17.83
通讯设备批发	5177	5.63	3.78	11.54
广播影视设备批发	5178	0.37	0.23	1.55
其他机械设备及电子产品批发	5179	71.46	62.49	92.93
贸易经纪与代理	518	0.31	0.16	0.66
贸易代理	5181			
一般物品拍卖	5182			
艺术品、收藏品拍卖	5183			
艺术品代理	5184			
其他贸易经纪与代理	5189	0.31	0.16	0.66
其他批发业	519	83.57	79.57	96.06
再生物资回收与批发	5191	11.05	10.58	48.71
宠物食品用品批发	5192			
互联网批发	5193	0.06	0.02	0.33
其他未列明批发业	5199	72.47	68.97	47.01

1-A-4 续表 2

计量单位：亿元

分组	代码	资产总计	负债合计	营业收入
按登记注册类型分组				
内资企业	100	3044.58	2212.05	5731.25
国有企业	110	148.61	48.68	467.46
集体企业	120	9.82	7.87	13.61
股份合作企业	130	0.47	0.15	2.64
联营企业	140			
有限责任公司	150	1846.14	1354.36	3559.50
股份有限公司	160	349.31	230.28	281.37
私营企业	170	689.12	570.41	1401.45
其他企业	190	1.12	0.31	5.21
港、澳、台商投资企业	200	10.87	9.45	20.79
合资经营企业（港或澳、台资）	210	0.78	0.31	1.00
合作经营企业（港或澳、台资）	220			
港、澳、台商独资经营企业	230	7.62	6.74	19.03
港、澳、台商投资股份有限公司	240			
其他港、澳、台商投资企业	290	2.47	2.40	0.76
外商投资企业	300	5.97	5.06	4.42
中外合资经营企业	310	1.51	0.69	2.07
中外合作经营企业	320			
外资企业	330	4.46	4.37	2.35
外商投资股份有限公司	340			
其他外商投资企业	390			
按单位规模分				
大型	1	660.31	371.20	1391.20
中型	2	1413.63	989.65	2634.60
小型	3	761.39	630.74	1407.86
微型	4	226.09	234.96	322.79

1-A-5　零售业法人企业基本情况

分　　组	代码	法人单位数（个）	从业人员期末人数（人）	年末零售营业面积（平方米）
零售业	**52**	**71374**	**356913**	**13968645**
按国民经济行业分组				
综合零售	521	7966	69491	3756890
百货零售	5211	6267	34197	2032066
超级市场零售	5212	364	28709	1521267
便利店零售	5213	101	1977	47848
其他综合零售	5219	1234	4608	155709
食品、饮料及烟草制品专门零售	522	8997	32053	1073268
粮油零售	5221	425	2125	92104
糕点、面包零售	5222	291	1968	31169
果品、蔬菜零售	5223	966	4167	168727
肉、禽、蛋、奶及水产品零售	5224	1179	4959	274224
营养和保健品零售	5225	473	1356	29641
酒、饮料及茶叶零售	5226	1564	5444	138977
烟草制品零售	5227	247	934	15265
其他食品零售	5229	3852	11100	323161
纺织、服装及日用品专门零售	523	5929	21366	552332
纺织品及针织品零售	5231	400	1560	59466
服装零售	5232	1640	5858	118675
鞋帽零售	5233	124	543	10491
化妆品及卫生用品零售	5234	671	2330	53974
厨具卫具及日用杂品零售	5235	484	1501	44387
钟表、眼镜零售	5236	513	2171	50266
箱包零售	5237	46	161	2630
自行车等代步设备零售	5238	353	1786	45142
其他日用品零售	5239	1698	5456	167301
文化、体育用品及器材专门零售	524	3607	15170	398845
文具用品零售	5241	1523	4405	98196
体育用品及器材零售	5242	446	2313	42373
图书、报刊零售	5243	232	3595	121192
音像制品、电子和数字出版物零售	5244	16	86	1249
珠宝首饰零售	5245	494	1867	35474
工艺美术品及收藏品零售	5246	532	1458	75244
乐器零售	5247	68	245	6623
照相器材零售	5248	59	356	3448
其他文化用品零售	5249	237	845	15046

1-A-5 续表 1

分　　组	代码	法人单位数（个）	从业人员期末人数（人）	年末零售营业面积（平方米）
医药及医疗器材专门零售	525	9621	49184	1008284
西药零售	5251	4887	33885	700875
中药零售	5252	1151	5389	111277
动物用药品零售	5253	1848	3905	89577
医疗用品及器材零售	5254	1696	5871	103268
保健辅助治疗器材零售	5255	39	134	3287
汽车、摩托车、零配件和燃料及其他动力销售	526	9803	69033	3964443
汽车新车零售	5261	4106	46749	2745853
汽车旧车零售	5262	1726	4456	318574
汽车零配件零售	5263	2187	7364	224215
摩托车及零配件零售	5264	645	3399	108268
机动车燃油零售	5265	1103	6885	552951
机动车燃气零售	5266	24	153	13983
机动车充电销售	5267	12	27	599
家用电器及电子产品专门零售	527	10110	46337	1052858
家用视听设备零售	5271	274	1833	68443
日用家电零售	5272	2228	13335	537086
计算机、软件及辅助设备零售	5273	3180	13601	180266
通信设备零售	5274	1530	8778	108147
其他电子产品零售	5279	2898	8790	158916
五金、家具及室内装饰材料专门零售	528	10133	32672	1298402
五金零售	5281	3393	10200	258048
灯具零售	5282	314	967	29626
家具零售	5283	1568	5852	435476
涂料零售	5284	269	877	19787
卫生洁具零售	5285	119	374	13382
木质装饰材料零售	5286	256	956	28709
陶瓷、石材装饰材料零售	5287	598	2440	190582
其他室内装饰材料零售	5289	3616	11006	322792
货摊、无店铺及其他零售业	529	5208	21607	863323
流动货摊零售	5291	6	13	400
互联网零售	5292	1379	3919	77909
邮购及电视、电话零售	5293	6	132	325
自动售货机零售	5294	14	26	389
旧货零售	5295	14	47	1300

1-A-5　续表 2

分　组	代码	法人单位数（个）	从业人员期末人数（人）	年末零售营业面积（平方米）
生活用燃料零售	5296	530	6279	346137
宠物食品用品零售	5297	47	129	3202
其他未列明零售业	5299	3212	11062	433661
按登记注册类型分组				
内资企业	100	71227	345393	13405134
国有企业	110	246	3822	128557
集体企业	120	474	4166	187740
股份合作企业	130	26	131	13016
联营企业	140	22	126	4074
有限责任公司	150	7255	69522	3146272
股份有限公司	160	935	12601	703823
私营企业	170	61797	253078	9168033
其他企业	190	472	1947	53619
港、澳、台商投资企业	200	75	7509	411842
合资经营企业（港或澳、台资）	210	20	2290	183125
合作经营企业（港或澳、台资）	220	2	151	9000
港、澳、台商独资经营企业	230	45	3924	141773
港、澳、台商投资股份有限公司	240	2	40	5333
其他港、澳、台商投资企业	290	6	1104	72611
外商投资企业	300	72	4011	151669
中外合资经营企业	310	10	219	9074
中外合作经营企业	320	3	13	6050
外资企业	330	31	3286	115573
外商投资股份有限公司	340	14	378	15841
其他外商投资企业	390	14	115	5131

1-A-6 限额以上零售业法人企业基本情况

分 组	代码	法人单位数（个）	从业人员期末人数（人）	年末零售营业面积（平方米）
零售业	**52**	**2402**	**129146**	**6687364**
按国民经济行业分组				
综合零售	521	347	43607	2858247
百货零售	5211	126	14382	1358379
超级市场零售	5212	197	27303	1449027
便利店零售	5213	6	1556	31744
其他综合零售	5219	18	366	19097
食品、饮料及烟草制品专门零售	522	189	5212	305829
粮油零售	5221	37	831	31474
糕点、面包零售	5222	3	288	1380
果品、蔬菜零售	5223	27	903	32717
肉、禽、蛋、奶及水产品零售	5224	47	1220	172874
营养和保健品零售	5225	2	144	1000
酒、饮料及茶叶零售	5226	49	1126	17962
烟草制品零售	5227	1	25	234
其他食品零售	5229	23	675	48188
纺织、服装及日用品专门零售	523	77	3190	73585
纺织品及针织品零售	5231	9	141	3580
服装零售	5232	20	1305	21899
鞋帽零售	5233	4	120	468
化妆品及卫生用品零售	5234	5	738	21250
厨具卫具及日用杂品零售	5235	4	155	3480
钟表、眼镜零售	5236	3	129	1378
箱包零售	5237	1	8	60
自行车等代步设备零售	5238	18	310	4920
其他日用品零售	5239	13	284	16550
文化、体育用品及器材专门零售	524	127	4784	127774
文具用品零售	5241	14	201	12341
体育用品及器材零售	5242	3	924	6150
图书、报刊零售	5243	85	2884	99942
音像制品、电子和数字出版物零售	5244	1	12	120
珠宝首饰零售	5245	11	435	4891
工艺美术品及收藏品零售	5246	1	13	1800
乐器零售	5247	1	7	130
照相器材零售	5248	6	166	1216
其他文化用品零售	5249	5	142	1184
医药及医疗器材专门零售	525	122	18093	400415

1-A-6 续表 1

分 组	代码	法人单位数（个）	从业人员期末人数（人）	年末零售营业面积（平方米）
西药零售	5251	97	16299	366896
中药零售	5252	16	1632	32060
动物用药品零售	5253			
医疗用品及器材零售	5254	9	162	1459
保健辅助治疗器材零售	5255			
汽车、摩托车、零配件和燃料及其他动力销售	526	972	36551	2262156
汽车新车零售	5261	770	32232	1947092
汽车旧车零售	5262	9	125	26453
汽车零配件零售	5263	26	518	20615
摩托车及零配件零售	5264	55	920	35211
机动车燃油零售	5265	109	2680	225552
机动车燃气零售	5266	3	76	7233
机动车充电销售	5267			
家用电器及电子产品专门零售	527	375	11779	387381
家用视听设备零售	5271	31	917	48553
日用家电零售	5272	144	5662	284930
计算机、软件及辅助设备零售	5273	128	2782	29013
通信设备零售	5274	55	2136	20587
其他电子产品零售	5279	17	282	4298
五金、家具及室内装饰材料专门零售	528	87	1310	94939
五金零售	5281	28	402	13765
灯具零售	5282	4	100	930
家具零售	5283	24	327	53597
涂料零售	5284	2	25	618
卫生洁具零售	5285	4	50	1000
木质装饰材料零售	5286	4	47	4028
陶瓷、石材装饰材料零售	5287	9	229	15100
其他室内装饰材料零售	5289	12	130	5901
货摊、无店铺及其他零售业	529	106	4620	177038
流动货摊零售	5291			
互联网零售	5292	23	468	28939
邮购及电视、电话零售	5293	1	118	
自动售货机零售	5294			
旧货零售	5295			

1-A-6 续表 2

分 组	代码	法人单位数（个）	从业人员期末人数（人）	年末零售营业面积（平方米）
按登记注册类型分组				
内资企业	100	2357	118262	6140459
国有企业	110	28	1514	77956
集体企业	120	11	268	36458
股份合作企业	130	1	31	100
联营企业	140			
有限责任公司	150	621	44827	2401118
股份有限公司	160	52	8904	448588
私营企业	170	1642	62694	3175073
其他企业	190	2	24	1166
港、澳、台商投资企业	200	35	7247	405903
合资经营企业（港或澳、台资）	210	10	2162	182395
合作经营企业（港或澳、台资）	220	1	151	9000
港、澳、台商独资经营企业	230	19	3801	137164
港、澳、台商投资股份有限公司	240	1	39	5333
其他港、澳、台商投资企业	290	4	1094	72011
外商投资企业	300	10	3637	141002
中外合资经营企业	310	1	195	8736
中外合作经营企业	320	1	10	6000
外资企业	330	6	3187	113032
外商投资股份有限公司	340	1	204	8588
其他外商投资企业	390	1	41	4646

1-A-7　零售业法人企业财务状况

计量单位：亿元

分　组	代码	资产总计	负债合计	营业收入
零售业	**52**	**1698.35**	**1038.66**	**2208.74**
按国民经济行业分组				
综合零售	521	255.92	169.14	329.22
百货零售	5211	172.38	107.69	163.66
超级市场零售	5212	66.70	50.72	146.29
便利店零售	5213	3.14	2.62	6.55
其他综合零售	5219	13.71	8.12	12.72
食品、饮料及烟草制品专门零售	522	115.73	68.60	85.99
粮油零售	5221	16.13	11.81	11.36
糕点、面包零售	5222	2.36	1.31	2.96
果品、蔬菜零售	5223	18.53	11.20	7.85
肉、禽、蛋、奶及水产品零售	5224	19.70	8.89	16.15
营养和保健品零售	5225	1.93	0.67	1.79
酒、饮料及茶叶零售	5226	22.47	14.50	17.40
烟草制品零售	5227	2.37	1.33	1.70
其他食品零售	5229	32.25	18.90	26.77
纺织、服装及日用品专门零售	523	95.64	56.93	58.28
纺织品及针织品零售	5231	4.85	2.18	3.39
服装零售	5232	14.78	10.94	16.59
鞋帽零售	5233	1.50	1.24	1.74
化妆品及卫生用品零售	5234	3.57	1.76	6.84
厨具卫具及日用杂品零售	5235	3.34	2.04	3.02
钟表、眼镜零售	5236	2.70	1.12	2.54
箱包零售	5237	0.32	0.11	0.30
自行车等代步设备零售	5238	5.05	3.57	11.84
其他日用品零售	5239	59.52	33.97	12.01
文化、体育用品及器材专门零售	524	67.89	34.83	66.94
文具用品零售	5241	11.30	7.06	12.40
体育用品及器材零售	5242	7.78	6.07	10.08
图书、报刊零售	5243	30.66	11.85	32.17
音像制品、电子和数字出版物零售	5244	0.63	0.60	0.32
珠宝首饰零售	5245	8.56	4.20	4.49
工艺美术品及收藏品零售	5246	4.33	1.69	1.85
乐器零售	5247	0.70	0.50	0.51
照相器材零售	5248	1.53	1.29	2.54
其他文化用品零售	5249	2.43	1.56	2.58

1-A-7 续表 1

计量单位：亿元

分　组	代码	资产总计	负债合计	营业收入
医药及医疗器材专门零售	525	212.47	128.69	272.55
西药零售	5251	178.13	113.07	236.15
中药零售	5252	7.42	3.29	10.09
动物用药品零售	5253	3.76	0.53	4.70
医疗用品及器材零售	5254	22.86	11.67	21.19
保健辅助治疗器材零售	5255	0.30	0.13	0.42
汽车、摩托车、零配件和燃料及其他动力销售	526	490.87	312.79	980.44
汽车新车零售	5261	386.31	260.92	851.15
汽车旧车零售	5262	15.12	6.60	17.38
汽车零配件零售	5263	34.91	22.02	27.19
摩托车及零配件零售	5264	12.34	8.31	16.51
机动车燃油零售	5265	39.95	14.00	66.10
机动车燃气零售	5266	2.09	0.88	1.90
机动车充电销售	5267	0.15	0.06	0.21
家用电器及电子产品专门零售	527	186.14	110.91	242.93
家用视听设备零售	5271	7.79	5.86	13.98
日用家电零售	5272	64.32	42.66	100.35
计算机、软件及辅助设备零售	5273	43.87	22.33	60.50
通信设备零售	5274	28.40	14.45	41.20
其他电子产品零售	5279	41.76	25.61	26.90
五金、家具及室内装饰材料专门零售	528	146.92	75.18	103.21
五金零售	5281	51.58	30.64	38.26
灯具零售	5282	1.88	0.69	2.18
家具零售	5283	31.18	8.17	14.02
涂料零售	5284	2.54	1.46	3.59
卫生洁具零售	5285	1.44	1.08	1.32
木质装饰材料零售	5286	2.90	1.12	2.55
陶瓷、石材装饰材料零售	5287	10.03	7.49	8.15
其他室内装饰材料零售	5289	45.36	24.54	33.14
货摊、无店铺及其他零售业	529	126.78	81.61	69.18
流动货摊零售	5291	0.03	0.03	0.02
互联网零售	5292	5.91	2.55	8.27
邮购及电视、电话零售	5293	0.36	0.14	0.58
自动售货机零售	5294	0.03		0.03
旧货零售	5295	0.05	0.01	0.04

1-A-7　续表 2

计量单位：亿元

分　　组	代码	资产总计	负债合计	营业收入
生活用燃料零售	5296	33.35	16.68	26.46
宠物食品用品零售	5297	0.45	0.33	0.22
其他未列明零售业	5299	86.60	61.86	33.57
按登记注册类型分组				
内资企业	100	1623.55	997.37	2074.38
国有企业	110	18.89	16.48	15.20
集体企业	120	22.15	10.79	11.97
股份合作企业	130	0.26	0.09	0.37
联营企业	140	0.25	0.07	0.10
有限责任公司	150	509.28	329.48	705.50
股份有限公司	160	165.62	95.66	206.89
私营企业	170	903.62	544.52	1132.12
其他企业	190	3.48	0.28	2.25
港、澳、台商投资企业	200	55.64	32.05	109.94
合资经营企业（港或澳、台资）	210	21.46	14.78	30.48
合作经营企业（港或澳、台资）	220	0.90	0.72	0.74
港、澳、台商独资经营企业	230	22.96	12.78	60.26
港、澳、台商投资股份有限公司	240	0.12	0.09	0.11
其他港、澳、台商投资企业	290	10.21	3.68	18.35
外商投资企业	300	19.16	9.24	24.42
中外合资经营企业	310	1.42	0.47	2.24
中外合作经营企业	320	0.96	0.51	0.34
外资企业	330	14.95	7.51	18.55
外商投资股份有限公司	340	1.02	0.22	1.76
其他外商投资企业	390	0.81	0.54	1.53

1-A-8 限额以上零售业法人企业财务状况

计量单位：亿元

分组	代码	资产总计	负债合计	营业收入
零售业	**52**	**908.28**	**613.86**	**1590.75**
按国民经济行业分组				
综合零售	521	178.52	126.10	278.32
百货零售	5211	110.58	74.57	124.88
超级市场零售	5212	63.98	48.33	144.50
便利店零售	5213	2.42	2.27	5.99
其他综合零售	5219	1.54	0.94	2.96
食品、饮料及烟草制品专门零售	522	35.19	24.70	35.01
粮油零售	5221	5.40	3.69	7.88
糕点、面包零售	5222	0.29	0.17	1.04
果品、蔬菜零售	5223	11.92	9.17	2.76
肉、禽、蛋、奶及水产品零售	5224	7.30	5.17	7.32
营养和保健品零售	5225	0.35	0.05	0.32
酒、饮料及茶叶零售	5226	7.91	5.61	10.67
烟草制品零售	5227	0.06	0.04	0.14
其他食品零售	5229	1.96	0.82	4.89
纺织、服装及日用品专门零售	523	58.10	36.19	22.91
纺织品及针织品零售	5231	0.93	0.73	1.26
服装零售	5232	4.41	4.74	7.39
鞋帽零售	5233	0.91	0.91	0.95
化妆品及卫生用品零售	5234	1.84	0.94	4.90
厨具卫具及日用杂品零售	5235	0.31	0.20	0.39
钟表、眼镜零售	5236	0.26	0.23	0.74
箱包零售	5237	0.09	0.03	0.17
自行车等代步设备零售	5238	0.98	0.84	3.00
其他日用品零售	5239	48.36	27.57	4.12
文化、体育用品及器材专门零售	524	38.42	19.15	42.73
文具用品零售	5241	0.70	0.38	1.13
体育用品及器材零售	5242	4.68	4.37	6.93
图书、报刊零售	5243	28.18	10.42	29.83
音像制品、电子和数字出版物零售	5244	0.58	0.57	0.23
珠宝首饰零售	5245	2.56	1.89	1.91
工艺美术品及收藏品零售	5246	0.04	0.03	0.05
乐器零售	5247	0.02	0.01	0.12
照相器材零售	5248	0.85	0.85	1.78
其他文化用品零售	5249	0.81	0.63	0.76
医药及医疗器材专门零售	525	151.75	100.97	217.51

1-A-8　续表 1

计量单位：亿元

分　组	代码	资产总计	负债合计	营业收入
西药零售	5251	146.42	97.33	210.19
中药零售	5252	3.58	2.55	5.74
动物用药品零售	5253			
医疗用品及器材零售	5254	1.75	1.09	1.59
保健辅助治疗器材零售	5255			
汽车、摩托车、零配件和燃料及其他动力销售	526	346.92	243.03	821.19
汽车新车零售	5261	315.04	226.69	751.99
汽车旧车零售	5262	0.62	0.33	6.05
汽车零配件零售	5263	2.25	1.27	6.12
摩托车及零配件零售	5264	5.62	4.62	7.36
机动车燃油零售	5265	22.01	9.35	48.21
机动车燃气零售	5266	1.37	0.77	1.45
机动车充电销售	5267			
家用电器及电子产品专门零售	527	71.83	48.92	134.44
家用视听设备零售	5271	5.35	4.32	11.13
日用家电零售	5272	35.90	27.66	78.63
计算机、软件及辅助设备零售	5273	13.18	7.61	22.19
通信设备零售	5274	15.29	7.80	19.28
其他电子产品零售	5279	2.11	1.52	3.22
五金、家具及室内装饰材料专门零售	528	7.60	5.04	11.70
五金零售	5281	2.41	1.65	3.60
灯具零售	5282	0.27	0.08	0.45
家具零售	5283	2.50	1.76	2.52
涂料零售	5284	0.16	0.13	0.86
卫生洁具零售	5285	0.67	0.63	0.60
木质装饰材料零售	5286	0.12	0.05	0.36
陶瓷、石材装饰材料零售	5287	0.60	0.23	1.18
其他室内装饰材料零售	5289	0.88	0.52	2.14
货摊、无店铺及其他零售业	529	19.95	9.76	26.94
流动货摊零售	5291			
互联网零售	5292	1.14	0.68	4.19
邮购及电视、电话零售	5293	0.34	0.14	0.56
自动售货机零售	5294			
旧货零售	5295			

1-A-8 续表 2

计量单位：亿元

分组	代码	资产总计	负债合计	营业收入
按登记注册类型分组				
内资企业	100	838.10	574.94	1459.38
国有企业	110	11.06	8.98	12.26
集体企业	120	1.63	1.08	3.25
股份合作企业	130	0.04	0.01	0.16
联营企业	140			
有限责任公司	150	343.89	227.80	629.80
股份有限公司	160	148.62	85.75	195.45
私营企业	170	332.78	251.29	618.31
其他企业	190	0.07	0.03	0.15
港、澳、台商投资企业	200	52.64	30.30	107.75
合资经营企业（港或澳、台资）	210	19.20	13.35	29.58
合作经营企业（港或澳、台资）	220	0.90	0.72	0.74
港、澳、台商独资经营企业	230	22.24	12.46	58.98
港、澳、台商投资股份有限公司	240	0.11	0.09	0.11
其他港、澳、台商投资企业	290	10.18	3.67	18.34
外商投资企业	300	17.54	8.62	23.62
中外合资经营企业	310	1.30	0.37	2.17
中外合作经营企业	320	0.95	0.51	0.34
外资企业	330	14.11	7.03	18.12
外商投资股份有限公司	340	0.46	0.21	1.54
其他外商投资企业	390	0.72	0.50	1.44
按单位规模分组				
大型	1	220.31	136.47	341.60
中型	2	411.86	293.12	854.95
小型	3	202.93	140.07	343.57
微型	4	73.16	44.20	50.64

1-B-1 分地区批发业法人企业基本情况

地　　区	代码	法人单位数（个）	从业人员期末人数（人）
广西壮族自治区	**45**	**71339**	**329562**
南宁市	4501	26209	117908
柳州市	4502	10035	42327
桂林市	4503	5838	30365
梧州市	4504	2567	13122
北海市	4505	2448	10110
防城港市	4506	1753	5903
钦州市	4507	2102	11605
贵港市	4508	2911	15140
玉林市	4509	5905	30631
百色市	4510	3390	14243
贺州市	4511	1631	7122
河池市	4512	1932	12514
来宾市	4513	1786	7161
崇左市	4514	2832	11411

1-B-2 各地区按国民经济

地　　区	代码	合计	农、林、牧、渔产品批发	食品、饮料及烟草制品批发	纺织、服装及家庭用品批发
广西壮族自治区	**45**	**71339**	**5613**	**9342**	**6466**
南宁市	4501	26209	1324	3288	3153
柳州市	4502	10035	453	1135	965
桂林市	4503	5838	377	832	411
梧州市	4504	2567	344	415	162
北海市	4505	2448	233	315	152
防城港市	4506	1753	187	289	94
钦州市	4507	2102	239	229	103
贵港市	4508	2911	285	360	203
玉林市	4509	5905	1054	849	647
百色市	4510	3390	461	406	179
贺州市	4511	1631	114	198	67
河池市	4512	1932	234	246	89
来宾市	4513	1786	95	150	81
崇左市	4514	2832	213	630	160

行业分批发业法人企业单位数

计量单位：个

文化、体育用品及器材批发	医药及医疗器材批发	矿产品、建材及化工产品批发	机械设备、五金产品及电子产品批发	贸易经纪与代理	其他批发业
1847	**2971**	**23823**	**13322**	**3894**	**4061**
882	1469	6726	6207	1207	1953
241	209	3519	2742	350	421
119	174	2669	777	189	290
137	87	908	347	54	113
47	45	1056	186	307	107
24	18	524	213	304	100
43	73	855	256	200	104
62	135	1060	333	274	199
136	482	1641	780	124	192
54	89	1236	528	205	232
25	56	893	167	38	73
15	44	881	228	47	148
37	38	1139	128	53	65
25	52	716	430	542	64

1-B-3 各地区按国民经济行业

地　区	代码	合计	农、林、牧、渔产品批发	食品、饮料及烟草制品批发	纺织、服装及家庭用品批发
广西壮族自治区	**45**	**329562**	**23282**	**55508**	**26433**
南宁市	4501	117908	4768	15528	13077
柳州市	4502	42327	1303	6156	3413
桂林市	4503	30365	2026	7579	2081
梧州市	4504	13122	1509	2781	600
北海市	4505	10110	827	1477	707
防城港市	4506	5903	639	1284	311
钦州市	4507	11605	1002	1769	378
贵港市	4508	15140	1145	2311	913
玉林市	4509	30631	5314	4818	2676
百色市	4510	14243	1710	3102	593
贺州市	4511	7122	580	1631	214
河池市	4512	12514	1402	3308	538
来宾市	4513	7161	370	1310	291
崇左市	4514	11411	687	2454	641

分批发业法人企业从业人员期末人数

计量单位：人

文化、体育用品及器材批发	医药及医疗器材批发	矿产品、建材及化工产品批发	机械设备、五金产品及电子产品批发	贸易经纪与代理	其他批发业
7002	**28996**	**109750**	**54494**	**9597**	**14500**
3321	13599	32426	26443	2712	6034
841	1592	15923	10507	955	1637
535	2618	10419	3253	569	1285
439	1129	4591	1281	156	636
294	501	4108	769	890	537
55	227	1981	538	647	221
327	1156	4624	1230	625	494
179	1138	6114	1653	829	858
484	4686	7704	3722	329	898
163	391	5610	1535	400	739
77	543	3223	591	68	195
47	637	5015	951	137	479
144	534	3808	364	132	208
96	245	4204	1657	1148	279

1-B-4 各地区按登记注册

地　区	代码	总计	内资企业			
				国有企业	集体企业	股份合作企业
广西壮族自治区	**45**	**71339**	**71188**	**329**	**448**	**27**
南宁市	4501	26209	26146	51	35	6
柳州市	4502	10035	10024	15	41	6
桂林市	4503	5838	5830	36	43	6
梧州市	4504	2567	2548	27	39	
北海市	4505	2448	2440	8	17	1
防城港市	4506	1753	1743	11	14	2
钦州市	4507	2102	2090	11	16	1
贵港市	4508	2911	2907	12	19	
玉林市	4509	5905	5901	45	87	1
百色市	4510	3390	3389	42	48	1
贺州市	4511	1631	1627	18	10	
河池市	4512	1932	1930	26	26	2
来宾市	4513	1786	1785	13	25	1
崇左市	4514	2832	2828	14	28	

类型分批发业法人企业单位数

计量单位：个

联营企业	有限责任公司	股份有限公司	私营企业	其他企业	港、澳、台商投资企业	外商投资企业
18	**7945**	**870**	**60146**	**1405**	**68**	**83**
3	3780	401	21740	130	26	37
2	880	79	8878	123	6	5
2	533	58	4819	333	1	7
2	236	30	2077	137	3	16
1	179	41	2052	141	8	
	215	21	1450	30	6	4
2	184	27	1803	46	6	6
1	229	46	2541	59	2	2
2	557	61	5041	107	3	1
	318	22	2869	89	1	
	160	8	1392	39	3	1
1	189	39	1579	68	1	1
1	176	24	1491	54		1
1	309	13	2414	49	2	2

1-B-5 各地区按登记注册类型分

地区	代码	总计	内资企业			
				国有企业	集体企业	股份合作企业
广西壮族自治区	**45**	**329562**	**328365**	**11127**	**5314**	**182**
南宁市	4501	117908	117383	1146	288	22
柳州市	4502	42327	42309	627	343	14
桂林市	4503	30365	30310	1571	253	69
梧州市	4504	13122	13013	680	569	
北海市	4505	10110	9995	297	275	3
防城港市	4506	5903	5874	261	90	11
钦州市	4507	11605	11549	529	553	1
贵港市	4508	15140	15115	637	544	
玉林市	4509	30631	30560	1344	1513	26
百色市	4510	14243	14243	1549	354	15
贺州市	4511	7122	7107	656	21	
河池市	4512	12514	12418	878	133	12
来宾市	4513	7161	7086	429	161	9
崇左市	4514	11411	11403	523	217	

批发业法人企业从业人员期末人数

计量单位：人

联营企业	有限责任公司	股份有限公司	私营企业	其他企业	港、澳、台商投资企业	外商投资企业
122	**63211**	**10625**	**229829**	**7955**	**554**	**643**
11	28413	4026	82934	543	264	261
18	6320	842	33382	763	11	7
4	6627	802	18293	2691	7	48
59	2099	461	8183	962	20	89
3	1226	351	7112	728	115	
	862	92	4455	103	25	4
3	1830	595	7868	170	24	32
1	1713	261	11627	332	8	17
8	4773	1204	21237	455	59	12
	2557	470	8923	375		
	1044	225	4961	200	4	11
	2896	854	7358	287	12	84
11	1154	194	4930	198		75
4	1697	248	8566	148	5	3

1-B-6 分地区批发

地　　区	代码	资产总计
广西壮族自治区	**45**	**5248.98**
南宁市	4501	2925.07
柳州市	4502	587.14
桂林市	4503	170.61
梧州市	4504	116.21
北海市	4505	100.15
防城港市	4506	118.26
钦州市	4507	177.87
贵港市	4508	114.33
玉林市	4509	225.26
百色市	4510	292.63
贺州市	4511	67.29
河池市	4512	151.99
来宾市	4513	112.40
崇左市	4514	89.78

业法人企业财务状况

计量单位：亿元

负债合计	营业收入
3681.58	**7866.76**
2141.76	4001.62
399.49	1080.17
101.42	329.77
71.52	172.07
70.50	170.90
92.41	165.76
119.48	282.90
70.59	204.63
129.74	338.30
161.35	359.64
49.15	109.09
104.10	273.26
99.31	86.23
70.77	292.42

1-B-7 各地区按国民经济

地　区	代码	合计	农、林、牧、渔产品批发	食品、饮料及烟草制品批发	纺织、服装及家庭用品批发
广西壮族自治区	**45**	**5248.98**	**222.00**	**781.46**	**255.38**
南宁市	4501	2925.07	81.83	379.63	162.21
柳州市	4502	587.14	18.67	91.76	21.47
桂林市	4503	170.61	14.24	31.72	5.39
梧州市	4504	116.21	15.19	14.16	12.70
北海市	4505	100.15	3.15	12.27	4.88
防城港市	4506	118.26	6.08	21.86	2.66
钦州市	4507	177.87	11.73	25.50	23.78
贵港市	4508	114.33	10.70	11.76	3.27
玉林市	4509	225.26	19.17	52.22	7.69
百色市	4510	292.63	8.04	46.36	2.10
贺州市	4511	67.29	15.66	9.37	0.61
河池市	4512	151.99	12.55	27.61	2.01
来宾市	4513	112.40	3.06	39.55	1.19
崇左市	4514	89.78	1.93	17.68	5.42

行业分批发业法人企业资产总计

计量单位：亿元

文化、体育用品及器材批发	医药及医疗器材批发	矿产品、建材及化工产品批发	机械设备、五金产品及电子产品批发	贸易经纪与代理	其他批发业
99.27	**323.85**	**2835.08**	**461.17**	**124.36**	**146.41**
80.69	188.64	1657.86	240.41	38.87	94.91
4.92	9.62	301.06	98.67	32.38	8.60
2.03	18.90	70.13	15.78	2.33	10.09
1.29	11.76	42.42	7.72	0.91	10.06
3.54	6.00	55.95	7.18	3.49	3.70
0.20	2.11	63.82	8.71	11.68	1.15
1.55	10.11	90.21	6.11	7.11	1.76
0.67	8.81	64.41	7.20	1.97	5.54
3.41	42.86	61.92	34.70	0.83	2.45
0.31	8.92	213.78	8.44	1.71	2.96
0.28	6.25	32.13	2.00	0.51	0.48
0.13	5.05	92.03	6.81	4.31	1.49
0.14	4.01	61.51	1.39	0.19	1.36
0.11	0.81	27.86	16.05	18.06	1.87

1-B-8 各地区按国民经济

地　　区	代码	合计	农、林、牧、渔产品批发	食品、饮料及烟草制品批发	纺织、服装及家庭用品批发
广西壮族自治区	**45**	**3681.58**	**147.67**	**496.98**	**221.50**
南宁市	4501	2141.76	64.41	274.96	144.21
柳州市	4502	399.49	3.96	70.36	15.85
桂林市	4503	101.42	9.53	10.54	3.24
梧州市	4504	71.52	9.78	5.98	5.58
北海市	4505	70.50	2.46	3.76	3.44
防城港市	4506	92.41	3.03	16.22	2.05
钦州市	4507	119.48	8.49	17.90	22.30
贵港市	4508	70.59	8.76	4.01	1.24
玉林市	4509	129.74	10.52	19.14	3.33
百色市	4510	161.35	2.99	19.17	0.99
贺州市	4511	49.15	12.88	4.20	0.99
河池市	4512	104.10	7.30	18.54	1.60
来宾市	4513	99.31	2.59	24.07	0.53
崇左市	4514	70.77	0.98	8.14	16.14

行业分批发业法人企业负债合计

计量单位：亿元

文化、体育用品及器材批发	医药及医疗器材批发	矿产品、建材及化工产品批发	机械设备、五金产品及电子产品批发	贸易经纪与代理	其他批发业
65.03	**241.34**	**1954.64**	**362.12**	**76.58**	**115.73**
53.24	139.92	1170.01	178.17	36.85	79.98
3.53	7.33	217.38	73.72	2.61	4.76
1.07	15.15	43.04	10.03	0.99	7.82
0.81	9.25	27.48	3.24	0.43	8.96
2.84	4.36	45.12	5.35	1.19	1.98
0.08	1.19	50.88	7.96	10.14	0.84
0.37	8.09	56.57	2.40	3.05	0.31
0.46	6.57	40.02	4.24	0.97	4.32
2.25	30.51	43.24	19.03	0.34	1.37
0.15	6.04	124.49	5.13	0.50	1.90
0.06	6.36	23.12	1.11	0.29	0.13
0.07	3.88	63.18	5.47	3.00	1.07
0.09	2.43	34.42	34.37	0.07	0.75
	0.26	15.70	11.89	16.13	1.53

1-B-9 各地区按国民经济

地　区	代码	合计	农、林、牧、渔产品批发	食品、饮料及烟草制品批发	纺织、服装及家庭用品批发
广西壮族自治区	45	**7866.76**	**233.38**	**1252.17**	**237.76**
南宁市	4501	4001.62	106.35	473.35	143.68
柳州市	4502	1080.17	5.16	291.76	19.68
桂林市	4503	329.77	22.69	70.34	10.30
梧州市	4504	172.07	6.11	28.02	3.82
北海市	4505	170.90	4.59	20.11	5.64
防城港市	4506	165.76	5.13	37.03	1.74
钦州市	4507	282.90	27.82	39.18	4.03
贵港市	4508	204.63	12.12	30.33	3.11
玉林市	4509	338.30	26.05	53.45	9.69
百色市	4510	359.64	4.19	48.76	1.84
贺州市	4511	109.09	2.60	20.13	0.89
河池市	4512	273.26	7.60	41.16	2.53
来宾市	4513	86.23	1.34	22.74	1.50
崇左市	4514	292.42	1.64	75.80	29.30

行业分批发业法人企业营业收入

计量单位：亿元

文化、体育用品及器材批发	医药及医疗器材批发	矿产品、建材及化工产品批发	机械设备、五金产品及电子产品批发	贸易经纪与代理	其他批发业
70.57	**[illegible]58.15**	**4780.82**	**605.46**	**65.86**	**162.59**
47.81	[illegible]69.16	2574.40	302.56	29.24	55.08
9.10	13.62	632.48	89.54	4.89	13.95
2.85	25.02	169.73	20.35	2.14	6.35
1.25	27.18	67.60	6.07	1.00	31.02
2.51	5.37	97.81	5.75	2.18	26.93
0.20	1.99	107.49	4.46	7.05	0.66
1.76	10.07	184.64	6.60	5.22	3.58
1.95	13.56	119.08	14.79	3.05	6.64
1.88	61.48	133.48	44.88	0.77	6.63
0.39	9.16	281.30	6.03	0.85	7.11
0.29	7.38	73.10	3.20	0.75	0.75
0.10	5.41	208.42	5.90	0.53	1.61
0.32	5.27	52.15	1.28	0.65	0.98
0.15	3.49	79.15	94.04	7.54	1.30

1-B-10 各地区按登记注册

地　区	代码	总计	内资企业			
				国有企业	集体企业	股份合作企业
广西壮族自治区	**45**	**5248.98**	**5217.42**	**186.88**	**25.63**	**1.33**
南宁市	4501	2925.07	2911.87	43.56	0.91	0.49
柳州市	4502	587.14	587.04	10.87	3.65	0.36
桂林市	4503	170.61	170.00	38.82	1.22	0.22
梧州市	4504	116.21	115.56	16.65	1.75	
北海市	4505	100.15	96.05	6.07	0.94	
防城港市	4506	118.26	116.48	3.25	0.56	0.01
钦州市	4507	177.87	169.80	5.89	4.19	
贵港市	4508	114.33	114.19	10.01	0.83	
玉林市	4509	225.26	224.24	9.46	8.32	0.02
百色市	4510	292.63	292.63	13.14	1.41	0.18
贺州市	4511	67.29	67.29	8.62	0.13	
河池市	4512	151.99	150.17	9.49	0.67	0.04
来宾市	4513	112.40	112.32	6.17	0.69	0.01
崇左市	4514	89.78	89.77	4.88	0.35	

类型分批发业法人企业资产总计

计量单位：亿元

联营企业	有限责任公司	股份有限公司	私营企业	其他企业	港、澳、台商投资企业	外商投资企业
0.46	**2505.12**	**389.85**	**2090.79**	**17.35**	**21.85**	**9.72**
0.01	1666.68	268.97	929.36	1.88	5.23	7.97
0.28	233.37	20.97	316.33	1.22	0.06	0.03
	40.01	9.59	76.97	3.18	0.01	0.60
0.05	30.55	6.84	58.40	1.33	0.28	0.36
	13.08	2.96	65.84	2.16	4.10	
	39.98	0.41	71.85	0.42	1.78	
0.08	72.58	6.15	80.25	0.65	7.60	0.47
	20.05	2.41	79.69	1.19	0.04	0.10
	49.68	43.98	111.95	0.83	0.95	0.06
	186.42	4.29	85.60	1.60		
	21.79	2.34	34.15	0.26		
	64.26	15.93	58.93	0.84	1.78	0.04
0.04	42.05	3.39	59.52	0.44		0.08
	19.61	1.63	61.95	1.35	0.01	

1-B-11 各地区按登记注册

地　　区	代码	总计				
			内资企业			
				国有企业	集体企业	股份合作企业
广西壮族自治区	**45**	**3681.58**	**3655.49**	**75.23**	**19.14**	**0.94**
南宁市	4501	2141.76	2131.40	22.17	1.00	0.16
柳州市	4502	399.49	399.48	1.95	3.02	0.31
桂林市	4503	101.42	101.12	11.94	1.01	0.19
梧州市	4504	71.52	71.16	9.24	1.33	
北海市	4505	70.50	66.67	1.88	0.84	
防城港市	4506	92.41	89.56	1.36	0.86	
钦州市	4507	119.48	112.52	2.02	3.32	
贵港市	4508	70.59	70.58	5.44	0.42	
玉林市	4509	129.74	129.38	2.99	5.64	0.03
百色市	4510	161.35	161.35	3.74	0.54	0.18
贺州市	4511	49.15	49.15	4.52	0.10	
河池市	4512	104.10	103.07	3.21	0.34	0.04
来宾市	4513	99.31	99.27	2.95	0.60	0.01
崇左市	4514	70.77	70.77	1.79	0.11	

类型分批发业法人企业负债合计

计量单位：亿元

联营企业	有限责任公司	股份有限公司	私营企业	其他企业	港、澳、台商投资企业	外商投资企业
1.26	**1799.38**	**253.37**	**1502.80**	**3.37**	**18.92**	**7.18**
0.98	1254.74	172.80	678.84	0.69	4.21	6.15
0.18	158.07	13.43	222.11	0.40		0.01
	30.05	11.01	46.21	0.70		0.30
	16.08	5.71	38.66	0.13	0.18	0.19
	12.47	2.44	48.93	0.12	3.83	
	30.68	0.05	56.61		2.84	
0.06	56.50	4.18	46.43	0.01	6.47	0.48
	10.05	2.47	51.74	0.46		0.01
	31.41	14.83	74.43	0.05	0.36	
	106.09	3.99	46.28	0.52		
	17.04	3.00	24.45	0.03		
	40.87	13.58	44.85	0.18	1.02	
0.04	23.15	2.31	70.13	0.06		0.05
	12.17	3.58	53.12			

1-B-12 各地区按登记注册

地　　区	代码	总计	内资企业			
				国有企业	集体企业	股份合作企业
广西壮族自治区	**45**	**7866.76**	**7825.37**	**517.86**	**24.10**	**2.90**
南宁市	4501	4001.62	3985.97	118.29	1.18	2.63
柳州市	4502	1080.17	1080.10	38.56	1.59	0.04
桂林市	4503	329.77	329.47	111.02	1.06	0.13
梧州市	4504	172.07	171.42	22.41	0.89	
北海市	4505	170.90	169.06	16.50	0.14	
防城港市	4506	165.76	165.72	10.31	0.03	
钦州市	4507	282.90	262.99	20.05	4.97	
贵港市	4508	204.63	204.59	28.11	0.85	
玉林市	4509	338.30	337.43	37.22	9.12	0.01
百色市	4510	359.64	359.64	35.22	2.04	0.08
贺州市	4511	109.09	109.09	18.03	0.03	
河池市	4512	273.26	271.48	27.11	1.31	0.02
来宾市	4513	86.23	86.03	16.02	0.58	
崇左市	4514	292.42	292.40	19.02	0.32	

类型分批发业法人企业营业收入

计量单位：亿元

联营企业	有限责任公司	股份有限公司	私营企业	其他企业	港、澳、台商投资企业	外商投资企业
0.06	**4007.29**	**309.57**	**2944.58**	**19.01**	**33.26**	**8.14**
	2368.77	122.93	1370.56	1.61	9.92	5.74
0.03	587.65	23.46	427.53	1.24	0.06	0.02
	78.20	21.23	110.36	7.47	0.07	0.23
0.02	60.50	9.16	77.00	1.44	0.49	0.16
	65.51	5.69	79.92	1.29	1.84	
	37.75	0.40	117.01	0.23	0.05	
	145.58	17.06	74.94	0.39	18.19	1.73
	53.71	7.78	113.56	0.59	0.01	0.03
	74.60	50.27	165.62	0.60	0.85	0.02
	217.33	12.93	90.75	1.28		
	53.05	6.97	30.80	0.21		
	158.90	19.65	63.90	0.60	1.77	
	35.10	4.60	29.42	0.31		0.20
	70.64	7.43	193.22	1.76	0.01	

1-B-13 分地区零售

地　　区	代码	法人单位数（个）
广西壮族自治区	**45**	**71374**
南宁市	4501	20644
柳州市	4502	8099
桂林市	4503	7044
梧州市	4504	3238
北海市	4505	3504
防城港市	4506	1470
钦州市	4507	2964
贵港市	4508	4192
玉林市	4509	6470
百色市	4510	4974
贺州市	4511	1948
河池市	4512	3282
来宾市	4513	1651
崇左市	4514	1894

业法人企业基本情况

从业人员期末人数（人）	年末零售营业面积（平方米）
356913	**13968645**
101974	3815551
41673	1702753
38093	1444929
16612	586620
14767	657286
6993	406064
16851	678259
20564	765781
31991	1179059
23808	1031626
10401	322730
14663	647027
7352	336432
11171	394528

1-B-14 各地区按国民经济

地　　区	代码	总计	综合零售	食品、饮料及烟草制品专门零　　售	纺织、服装及日用品专门零售
广西壮族自治区	**45**	**71374**	**7966**	**8997**	**5929**
南宁市	4501	20644	2055	2640	2252
柳州市	4502	8099	774	1003	728
桂林市	4503	7044	779	902	586
梧州市	4504	3238	191	539	224
北海市	4505	3504	555	449	201
防城港市	4506	1470	218	161	82
钦州市	4507	2964	422	365	172
贵港市	4508	4192	395	491	257
玉林市	4509	6470	837	853	605
百色市	4510	4974	814	623	248
贺州市	4511	1948	170	204	88
河池市	4512	3282	334	389	239
来宾市	4513	1651	165	178	111
崇左市	4514	1894	257	200	136

行业分零售业法人企业单位数

计量单位：个

文化、体育用品及器材专门零售	医药及医疗器材专门零售	汽车、摩托车、零配件和燃料及其他动力销售	家用电器及电子产品专门零售	五金、家具及室内装饰材料专门零售	货摊、无店铺及其他零售业
3607	**9621**	**9803**	**10110**	**10133**	**5208**
1187	1529	2497	3755	3068	1661
439	696	1280	1078	1460	641
450	1281	730	861	756	699
172	592	512	380	484	144
239	559	432	362	527	180
55	153	217	195	275	114
152	302	591	392	414	154
162	976	556	468	550	337
270	594	1011	879	924	497
193	1004	685	536	636	235
68	507	356	262	189	104
98	805	454	397	367	199
54	295	266	233	209	140
68	328	216	312	274	103

1-B-15 各地区按国民经济行业

地　区	代码	总计	综合零售	食品、饮料及烟草制品专门零售	纺织、服装及日用品专门零售
广西壮族自治区	**45**	**356913**	**69491**	**32053**	**21366**
南宁市	4501	101974	17888	8051	8241
柳州市	4502	41673	7254	3442	2490
桂林市	4503	38093	7095	4267	2409
梧州市	4504	16612	2126	1876	798
北海市	4505	14767	3303	1147	552
防城港市	4506	6993	1603	474	293
钦州市	4507	16851	3922	2061	899
贵港市	4508	20564	3435	1843	1118
玉林市	4509	31991	7677	2856	2122
百色市	4510	23808	5734	2175	758
贺州市	4511	10401	2733	1148	187
河池市	4512	14663	2702	1288	587
来宾市	4513	7352	1326	531	407
崇左市	4514	11171	2693	894	505

分零售业法人企业从业人员期末人数

计量单位：人

文化、体育用品及器材专门零售	医药及医疗器材专门零售	汽车、摩托车、零配件和燃料及其他动力销售	家用电器及电子产品专门零售	五金、家具及室内装饰材料专门零售	货摊、无店铺及其他零售业
15170	**49184**	**69033**	**46337**	**32672**	**21607**
5121	11944	20371	15502	8455	6401
1563	6323	9069	4706	4314	2512
1894	5646	6645	4521	3042	2574
707	3729	3417	1707	1590	662
1011	1866	2768	1906	1457	757
229	746	1429	857	834	528
567	1366	3786	1789	1688	773
781	3290	3812	2574	2143	1568
974	3355	5961	3851	3428	1767
753	3722	4332	2826	2122	1386
295	1638	2102	1112	599	587
543	2468	2771	2097	1246	961
242	1400	1313	1021	613	499
490	1691	1257	1868	1141	632

1-B-16 各地区按国民经济行业

地　区	代码	总计	综合零售	食品、饮料及烟草制品专门零售	纺织、服装及日用品专门零售
广西壮族自治区	**45**	**13968645**	**3756890**	**1073268**	**552332**
南宁市	4501	3815551	1187903	229896	193159
柳州市	4502	1702753	439844	101575	64876
桂林市	4503	1444929	369770	115076	69759
梧州市	4504	586620	160397	36218	20154
北海市	4505	657286	254154	24777	15645
防城港市	4506	406064	73638	14022	5867
钦州市	4507	678259	198092	62283	27461
贵港市	4508	765781	149127	61167	23681
玉林市	4509	1179059	292786	90069	44915
百色市	4510	1031626	269648	187700	32405
贺州市	4511	322730	62437	16893	3804
河池市	4512	647027	123387	84060	28329
来宾市	4513	336432	85112	13539	10424
崇左市	4514	394528	90595	35993	11853

分零售业法人企业年末零售营业面积

计量单位：平方米

文化、体育用品及器材专门零售	医药及医疗器材专门零售	汽车、摩托车、零配件和燃料及其他动力销售	家用电器及电子产品专门零售	五金、家具及室内装饰材料专门零售	货摊、无店铺及其他零售业
398845	**10[illegible]8284**	**3964443**	**1052858**	**1298402**	**863323**
102609	237575	1132732	346044	283029	102604
74591	136646	413676	143600	142985	184960
64972	98330	430603	87470	100988	107961
13317	50624	184696	36050	34195	40969
18927	43676	173918	33961	70293	21935
7946	23580	95637	18914	152224	14236
15247	25200	207095	47978	62988	31915
25115	76691	251673	44593	62404	71330
19179	94491	336532	79911	148491	72685
20282	61687	245191	67018	101703	45992
9210	32994	124527	34804	25309	12752
12302	55138	175534	50197	52009	66071
5804	21436	119174	23905	25710	31328
9344	40216	73455	38413	36074	58585

1-B-17 各地区按登记注册

地　区	代码	总计	内资企业			
				国有企业	集体企业	股份合作企业
广西壮族自治区	**45**	**71374**	**71227**	**246**	**474**	**26**
南宁市	4501	20644	20584	27	40	2
柳州市	4502	8099	8085	11	28	2
桂林市	4503	7044	7027	35	47	8
梧州市	4504	3238	3231	9	46	
北海市	4505	3504	3496	6	15	2
防城港市	4506	1470	1467	12	13	
钦州市	4507	2964	2953	17	45	
贵港市	4508	4192	4189	8	23	1
玉林市	4509	6470	6462	29	65	4
百色市	4510	4974	4971	48	69	3
贺州市	4511	1948	1943	4	9	
河池市	4512	3282	3277	27	38	3
来宾市	4513	1651	1651	2	14	1
崇左市	4514	1894	1891	11	22	

类型分零售业法人企业单位数

计量单位：个

联营企业	有限责任公司	股份有限公司	私营企业	其他企业	港、澳、台商投资企业	外商投资企业
22	**7255**	**935**	**61797**	**472**	**75**	**72**
2	2888	384	17195	46	29	31
	717	70	7216	41	10	4
6	786	98	5931	116	10	7
3	280	43	2797	53	1	6
	233	32	3197	11	5	3
1	156	16	1256	13	3	
2	253	39	2568	29	8	3
	282	48	3801	26	2	1
1	467	62	5813	21	3	5
5	425	48	4333	39	1	2
	182	21	1715	12	2	3
2	253	35	2886	33	1	4
	173	29	1416	16		
	129	10	1673	16		3

1-B-18 各地区按登记注册类型

地　区	代码	总计	内资企业			
				国有企业	集体企业	股份合作企业
广西壮族自治区	**45**	**356913**	**345393**	**3822**	**4166**	**131**
南宁市	4501	101974	95740	462	260	10
柳州市	4502	41673	40485	387	172	49
桂林市	4503	38093	37582	557	191	28
梧州市	4504	16612	16305	74	682	
北海市	4505	14767	13172	22	134	
防城港市	4506	6993	6876	114	127	
钦州市	4507	16851	16190	560	312	
贵港市	4508	20564	20367	202	241	2
玉林市	4509	31991	31580	562	1182	8
百色市	4510	23808	23647	399	405	16
贺州市	4511	10401	10392	15	48	
河池市	4512	14663	14601	209	196	9
来宾市	4513	7352	7352		74	9
崇左市	4514	11171	11104	259	142	

分零售业法人企业从业人员期末人数

计量单位：人

联营企业	有限责任公司	股份有限公司	私营企业	其他企业	港、澳、台商投资企业	外商投资企业
126	**69522**	**12601**	**253078**	**1947**	**7509**	**4011**
16	28113	3102	63578	199	2876	3358
	8360	4002	27369	146	1127	61
14	8114	1563	26442	673	289	222
6	3558	409	11420	156	296	11
	1587	680	10707	42	1587	8
7	844	364	5345	75	117	
59	2253	250	12670	86	460	201
	3005	284	16484	148	145	52
3	4125	292	25325	82	400	11
9	3714	682	18271	151	151	10
	1070	375	8828	56	3	6
12	2475	228	11401	71	58	4
	989	214	6026	40		
	1313	156	9212	22		67

1-B-19 各地区按登记注册类型

地　　区	代码	总计	内资企业			
				国有企业	集体企业	股份合作企业
广西壮族自治区	**45**	**13968645**	**13405134**	**128557**	**187740**	**13016**
南宁市	4501	3815551	3588390	36349	7511	700
柳州市	4502	1702753	1654881	4051	18220	125
桂林市	4503	1444929	1406589	17614	8669	848
梧州市	4504	586620	566400	1740	20354	
北海市	4505	657286	507404	410	3366	90
防城港市	4506	406064	405874	2350	2540	
钦州市	4507	678259	639088	15660	18284	
贵港市	4508	765781	756481	19544	16204	35
玉林市	4509	1179059	1163694	8400	33938	4000
百色市	4510	1031626	1016476	7608	18878	150
贺州市	4511	322730	322530	1100	6780	
河池市	4512	647027	646697	10132	4400	270
来宾市	4513	336432	336432	80	17210	6798
崇左市	4514	394528	394198	3519	11386	

分零售业法人企业年末零售营业面积

计量单位：平方米

联营企业	有限责任公司	股份有限公司	私营企业	其他企业	港、澳、台商投资企业	外商投资企业
4074	**3146272**	**703823**	**9168033**	**53619**	**411842**	**151669**
2758	1327704	138635	2071946	2787	105490	121671
	349282	280250	997758	5195	43126	4746
266	383098	124339	857394	14361	28954	9386
280	122094	7460	410885	3587	20000	220
	74668	44405	383800	665	149792	90
	36126	18199	345111	1548	190	
220	99554	7602	493900	3868	33078	6093
	116796	25854	562140	15908	6700	2600
50	237354	9516	869341	1095	15112	253
175	150337	31829	805114	1835	9000	6150
	33700	5317	275438	195	200	
325	87550	4653	537212	2055	200	130
	50910	4713	256541	180		
	76449	1051	301453	340		330

1-B-20 各地区按零售业

地　区	代码	有店铺零售	食杂店	便利店	折扣店	超市	大型超市	仓储会员店	百货店	专业店
广西壮族自治区	**45**	**57942**	**3672**	**4483**	**1025**	**1324**	**115**	**963**	**6723**	**25957**
南宁市	4501	14386	1054	1120	262	265	30	224	1748	6300
柳州市	4502	6431	382	523	116	107	14	153	753	2941
桂林市	4503	5787	337	345	94	136	7	84	540	3224
梧州市	4504	2872	177	289	24	54	5	18	215	1472
北海市	4505	2893	156	195	48	42	5	41	444	1344
防城港市	4506	1190	66	109	16	40	6	19	145	460
钦州市	4507	2592	148	161	46	77	7	74	440	852
贵港市	4508	3715	193	234	67	65	8	77	413	1741
玉林市	4509	5615	397	404	155	176	14	113	714	2405
百色市	4510	4552	243	324	70	115	9	45	618	1845
贺州市	4511	1742	147	160	46	44	2	39	113	756
河池市	4512	2968	211	363	34	109	4	32	236	1207
来宾市	4513	1393	70	146	33	51	2	28	105	549
崇左市	4514	1806	91	110	14	43	2	16	239	861

态分零售业法人企业单位数

计量单位：个

专卖店	家居建材店	购物中心	厂家直销中心	无店铺零售	电视购物	邮购	网上商店	自动售货亭	电话购物	其他
16691	**2963**	**345**	**1555**	**15649**	**70**	**283**	**1776**	**92**	**359**	**13945**
3920	926	143	521	7042	24	121	484	25	158	6583
1536	408	24	160	1844	8	23	213	7	41	1659
1234	231	33	200	1462	5	20	193	11	20	1274
841	133	16	66	447	3	14	48	1	16	398
818	174	11	55	701	1	17	50	2	15	642
348	79	5	35	347	2	6	50	3	7	296
1002	132	16	74	458	2	10	52	4	15	407
1157	149	14	65	582	1	9	74	3	12	511
1692	206	21	119	1123	8	31	390	10	26	770
1444	202	13	87	537	6	5	48	5	9	482
678	57	5	36	267	2	7	25	7	6	237
971	146	20	78	412	5	10	73	8	19	335
485	67	4	30	300	1	7	40	2	13	259
565	53	[illegible]	29	127	2	3	36	4	2	92

1-B-21 各地区按零售业态分零

地　区	代码	有店铺零售	食杂店	便利店	折扣店	超市	大型超市	仓储会员店	百货店	专业店
广西壮族自治区	**45**	**315862**	**11795**	**15887**	**4304**	**21755**	**22348**	**4338**	**30528**	**125138**
南宁市	4501	84911	2797	4054	1429	3067	7721	1107	7177	34261
柳州市	4502	36723	925	1446	308	1522	3410	466	3300	15931
桂林市	4503	33344	944	1819	481	2025	1544	436	3064	15874
梧州市	4504	15082	721	937	98	691	507	95	1304	7869
北海市	4505	13453	409	441	119	489	1922	165	970	4932
防城港市	4506	6231	185	275	47	693	501	69	481	2405
钦州市	4507	15464	930	747	159	1350	1187	365	2023	4013
贵港市	4508	18713	647	779	240	1050	1119	414	1929	7491
玉林市	4509	29418	1488	1749	602	2551	2020	644	3749	10867
百色市	4510	21862	721	1026	180	2131	1390	167	2992	7103
贺州市	4511	9755	546	551	365	2363	210	119	977	2738
河池市	4512	13520	691	1032	77	1472	482	123	837	4797
来宾市	4513	6460	222	453	134	951	196	100	348	2275
崇左市	4514	10926	569	578	65	1400	139	68	1377	4582

售业法人企业从业人员期末人数

计量单位：人

专卖店	家居建材店	购物中心	厂家直销中心	无店铺零售	电视购物	邮购	网上商店	自动售货亭	电话购物	其他
90735	**10823**	**4232**	**9848**	**50429**	**504**	**1078**	**6070**	**338**	**1233**	**44389**
24078	3142	821	3142	20023	230	431	1931	76	520	17956
9288	1484	390	880	5495	66	117	689	28	206	5009
8081	975	1460	1140	5649	32	94	693	32	63	5034
3946	504	53	389	1839	8	43	163		42	1677
4534	619	81	356	1734		49	283	5	41	1473
1508	273	59	279	1038	1	15	136	13	11	897
5274	544	231	620	1945	8	68	195	14	79	1783
6179	605	148	465	2370	2	51	238	10	46	2132
8147	801	115	828	3825	102	107	970	32	89	2798
6940	759	548	425	2547	13	27	332	8	7	2214
3042	185	10	537	887	4	27	63	26	27	802
4485	490	197	529	1494	34	20	191	55	48	1255
2194	197	6	158	1085	1	23	81	7	49	974
3039	245	103	100	498	3	6	105	32	5	385

1-B-22 各地区按零售业态分零

地　区	代码	有店铺零　售	食杂店	便利店	折扣店	超市	大型超市	仓　储会员店	百货店	专业店
广西壮族自治区	**45**	**13168989**	**411102**	**514280**	**184666**	**806272**	**1608613**	**165742**	**1575388**	**4390172**
南宁市	4501	3567044	98489	130866	85883	114740	483071	42386	597649	1180916
柳州市	4502	1601140	24249	43591	18412	56440	184151	21031	171237	549562
桂林市	4503	1327493	27777	40018	17005	52970	159008	11888	154603	507723
梧州市	4504	534532	14584	18503	3093	39980	54992	1303	88417	215392
北海市	4505	639970	11480	11049	5320	23320	191448	7281	36890	170629
防城港市	4506	384846	5382	9766	1385	18483	53249	2515	10606	105014
钦州市	4507	640539	52524	27198	5878	61456	83252	26003	57542	117674
贵港市	4508	730460	20302	30446	7411	42270	77660	14969	76090	264202
玉林市	4509	1137618	43474	72215	12516	91403	136088	16580	152343	374364
百色市	4510	966539	19791	33294	6371	86792	104494	2572	106473	328068
贺州市	4511	314891	19969	19851	11503	46305	12000	6520	22095	105782
河池市	4512	624770	17502	30303	2252	70392	39000	4628	25609	244504
来宾市	4513	317211	22492	16035	6685	43666	17000	4990	49248	84662
崇左市	4514	381936	33087	31145	952	58055	13200	3076	26586	141680

售业法人企业年末零售营业面积

计量单位：平方米

专卖店	家居建材店	购物中心	厂家直销中心	无店铺零售	电视购物	邮购	网上商店	自动售货亭	电话购物	其他
3682113	**660455**	**381010**	**395868**	**1103060**	**12549**	**16350**	**123954**	**21255**	**34541**	**967125**
891325	151333	63001	112487	322689	614	4633	26784	1755	5499	296828
460051	50646	79153	34274	112842	280	662	6778	442	1683	106864
385328	42255	137392	50584	168529	9233	5575	24811	1919	1486	138961
143203	13016	1905	13711	60189	155	1028	2725		548	56931
196777	47860	4351	20257	28594		796	2334	75	340	25669
62921	128811	1470	14670	32213	220	30	4381	280	1790	27102
222555	20241	27115	17077	60159	260	911	4567	13287	15454	54556
242261	26913	2369	18445	52023	110	410	3833	335	150	48497
351787	45690	9717	42628	74638	502	825	14328	1495	1388	59326
232877	71119	42750	23299	76335	650	250	5497	230	330	70868
108597	12433	465	8250	11342	90	200	905	857	348	10099
177825	26765	7160	25193	32038	240	560	2758	240	1045	27925
95505	8918	1439	9758	31706	60	390	1035	150	4300	26681
111101	14455	2731	5235	39763	135	80	23218	190	180	16818

1-B-23 分地区零售

地　　区	代码	资产总计
广西壮族自治区	**45**	**1698.35**
南宁市	4501	609.93
柳州市	4502	301.64
桂林市	4503	158.91
梧州市	4504	53.72
北海市	4505	69.78
防城港市	4506	33.60
钦州市	4507	64.32
贵港市	4508	64.48
玉林市	4509	88.57
百色市	4510	90.87
贺州市	4511	64.02
河池市	4512	47.95
来宾市	4513	23.01
崇左市	4514	27.55

业法人企业财务状况

计量单位：亿元

负债合计	营业收入
1038.66	**2208.74**
399.71	820.37
188.10	442.09
93.28	215.88
27.20	67.44
38.93	72.61
24.24	32.41
33.89	71.72
32.78	86.25
49.03	139.49
49.42	108.33
48.12	41.27
29.98	57.24
11.20	23.91
12.77	29.73

1-B-24 各地区按国民经济行

地　　区	代码	总计	综合零售	食品、饮料及烟草制品专门零售	纺织、服装及日用品专门零售
广西壮族自治区	**45**	**1698.35**	**255.92**	**115.73**	**95.64**
南宁市	4501	609.93	100.08	31.98	70.22
柳州市	4502	301.64	23.99	17.32	5.52
桂林市	4503	158.91	24.06	10.67	6.35
梧州市	4504	53.72	8.31	4.28	1.43
北海市	4505	69.78	16.70	3.75	1.04
防城港市	4506	33.60	4.19	1.34	0.38
钦州市	4507	64.32	13.57	7.57	0.98
贵港市	4508	64.48	7.05	5.56	1.76
玉林市	4509	88.57	17.60	4.02	3.74
百色市	4510	90.87	17.30	16.56	1.37
贺州市	4511	64.02	3.60	5.79	0.22
河池市	4512	47.95	7.73	3.68	1.49
来宾市	4513	23.01	6.87	1.58	0.37
崇左市	4514	27.55	4.87	1.62	0.76

业分零售业法人企业资产总计

计量单位：亿元

文化、体育用品及器材专门零售	医药及医疗器材专门零售	汽车、摩托车、零配件和燃料及其他动力销售	家用电器及电子产品专门零售	五金、家具及室内装饰材料专门零售	货摊、无店铺及其他零售业
67.89	**21[illegible].47**	**490.87**	**186.14**	**146.92**	**126.78**
26.49	3[illegible].14	179.01	82.90	49.12	31.98
7.25	10[illegible].30	84.15	26.02	18.66	10.43
7.95	2[illegible].57	48.06	22.74	6.48	6.02
2.64	[illegible].28	18.22	4.44	6.39	1.71
4.38	[illegible].37	13.70	5.31	18.14	3.38
0.76	[illegible].24	10.29	3.47	8.62	3.32
1.97	[illegible].26	23.69	5.26	4.16	5.88
2.86	[illegible].07	21.55	5.33	7.54	7.75
4.71	[illegible].42	28.76	8.84	7.49	4.00
2.99	3.78	24.84	6.99	8.59	8.46
1.06	1.91	11.73	2.97	1.44	35.29
2.11	3.25	14.86	6.40	3.86	4.57
1.59	2.14	5.16	2.35	1.38	1.57
1.14	1.73	6.84	3.12	5.05	2.42

1-B-25 各地区按国民经济行

地　区	代码	总计	综合零售	食品、饮料及烟草制品专门零售	纺织、服装及日用品专门零售
广西壮族自治区	**45**	**1038.66**	**169.14**	**68.60**	**56.93**
南宁市	4501	399.71	68.42	21.99	44.69
柳州市	4502	188.10	14.66	10.67	3.21
桂林市	4503	93.28	12.66	5.39	3.13
梧州市	4504	27.20	3.00	1.41	0.68
北海市	4505	38.93	12.96	1.93	0.67
防城港市	4506	24.24	3.15	0.87	0.13
钦州市	4507	33.89	11.06	4.00	0.42
贵港市	4508	32.78	4.40	2.15	0.44
玉林市	4509	49.03	12.74	0.97	1.93
百色市	4510	49.42	10.44	12.00	0.45
贺州市	4511	48.12	2.48	3.80	0.12
河池市	4512	29.98	6.09	1.78	0.68
来宾市	4513	11.20	3.72	0.75	0.21
崇左市	4514	12.77	3.36	0.91	0.18

业分零售业法人企业负债合计

计量单位：亿元

文化、体育用品及器材专门零售	医药及医疗器材专门零售	汽车、摩托车、零配件和燃料及其他动力销售	家用电器及电子产品专门零售	五金、家具及室内装饰材料专门零售	货摊、无店铺及其他零售业
34.83	**128.69**	**312.79**	**110.91**	**75.18**	**81.61**
18.41	21.34	111.98	56.18	33.96	22.75
3.30	63.61	62.16	16.36	9.12	5.02
3.90	21.59	31.29	9.23	3.15	2.97
1.30	4.45	11.53	1.77	2.68	0.39
1.89	1.49	8.41	3.45	5.47	2.67
0.48	0.70	7.24	2.23	7.52	1.94
0.36	0.33	12.64	1.84	1.44	1.80
0.67	1.61	13.86	2.14	2.74	4.78
0.88	7.28	15.82	5.30	2.13	1.99
1.32	1.77	14.51	3.48	2.41	3.03
0.78	0.81	6.67	1.89	0.40	31.17
0.66	1.36	10.65	4.68	2.19	1.89
0.63	1.41	2.41	1.25	0.46	0.37
0.25	0.96	3.63	1.12	1.53	0.84

1-B-26 各地区按国民经济行

地　　区	代码	总计	综合零售	食品、饮料及烟草制品专门零售	纺织、服装及日用品专门零售
广西壮族自治区	**45**	**2208.74**	**329.22**	**85.99**	**58.28**
南宁市	4501	820.37	125.57	26.99	31.27
柳州市	4502	442.09	44.13	10.52	6.09
桂林市	4503	215.88	34.31	10.53	5.88
梧州市	4504	67.44	7.01	4.85	2.34
北海市	4505	72.61	14.40	2.38	1.22
防城港市	4506	32.41	5.86	0.58	0.33
钦州市	4507	71.72	12.32	6.37	1.01
贵港市	4508	86.25	11.78	3.70	1.98
玉林市	4509	139.49	25.87	4.91	4.19
百色市	4510	108.33	20.22	5.93	1.34
贺州市	4511	41.27	7.70	3.74	0.23
河池市	4512	57.24	8.45	3.04	1.24
来宾市	4513	23.91	3.82	0.79	0.44
崇左市	4514	29.73	7.78	1.65	0.73

业分零售业法人企业营业收入

计量单位：亿元

文化、体育用品及器材专门零售	医药及医疗器材专门零售	汽车、摩托车、零配件和燃料及其他动力销售	家用电器及电子产品专门零售	五金、家具及室内装饰材料专门零售	货摊、无店铺及其他零售业
66.94	**272.55**	**980.44**	**242.93**	**103.21**	**69.18**
28.08	45.85	405.32	108.38	26.58	22.33
6.80	155.95	163.46	28.19	17.96	8.98
6.72	23.90	94.17	22.32	10.19	7.86
2.52	8.79	28.53	7.21	4.56	1.63
2.46	3.21	30.21	10.13	5.17	3.43
0.77	1.12	16.53	3.55	2.06	1.59
1.58	2.09	35.37	6.04	4.78	2.18
3.77	5.11	36.76	8.70	7.74	6.72
4.44	12.82	56.16	18.44	9.30	3.37
2.84	4.73	51.62	9.54	6.45	5.66
1.46	2.16	18.64	5.06	1.56	0.71
2.47	2.70	27.24	7.53	2.88	1.68
1.23	1.99	9.23	3.63	1.60	1.17
1.80	2.11	7.19	4.22	2.40	1.85

1-B-27 各地区按登记注册类

地　区	代码	总计	内资企业			
				国有企业	集体企业	股份合作企业
广西壮族自治区	**45**	**1698.35**	**1623.55**	**18.89**	**22.15**	**0.26**
南宁市	4501	609.93	580.25	4.26	1.84	0.04
柳州市	4502	301.64	290.92	2.21	0.42	0.08
桂林市	4503	158.91	149.60	4.80	0.54	0.03
梧州市	4504	53.72	53.23	0.45	5.09	
北海市	4505	69.78	57.47	0.12	0.38	
防城港市	4506	33.60	31.36	0.32	0.23	
钦州市	4507	64.32	59.84	1.12	2.74	
贵港市	4508	64.48	63.06	0.41	2.03	
玉林市	4509	88.57	87.54	2.00	3.05	
百色市	4510	90.87	89.02	1.65	1.06	0.08
贺州市	4511	64.02	64.01	0.17	0.15	
河池市	4512	47.95	47.88	0.81	0.49	0.03
来宾市	4513	23.01	23.01		3.68	0.01
崇左市	4514	27.55	26.36	0.57	0.44	

型分零售业法人企业资产总计

计量单位：亿元

联营企业	有限责任公司	股份有限公司	私营企业	其他企业	港、澳、台商投资企业	外商投资企业
0.25	**509.28**	**165.62**	**903.62**	**3.48**	**55.64**	**19.16**
0.09	243.81	31.25	298.55	0.42	21.33	8.34
	46.92	96.91	144.01	0.37	9.72	1.00
0.02	42.83	15.35	85.42	0.61	2.40	6.92
0.02	16.50	1.38	29.15	0.63	0.48	0.01
	18.75	3.43	34.68	0.11	12.29	0.02
0.02	10.66	0.91	19.16	0.05	2.24	
0.07	12.18	1.12	42.35	0.27	3.93	0.55
	13.93	1.16	45.32	0.21	1.29	0.14
	24.88	0.62	56.84	0.15	1.01	0.02
0.03	22.07	11.01	53.01	0.12	0.90	0.95
	39.54	0.55	23.42	0.08		0.01
0.02	9.64	0.92	35.57	0.40	0.07	
	3.47	0.60	15.21	0.05		
	4.01	0.40	20.93	0.01		1.19

1-B-28 各地区按登记注册类

地　　区	代码	总计	内资企业			
				国有企业	集体企业	股份合作企业
广西壮族自治区	**45**	**1038.66**	**997.37**	**16.48**	**10.79**	**0.09**
南宁市	4501	399.71	384.08	3.09	1.12	
柳州市	4502	188.10	181.19	1.66	0.36	0.05
桂林市	4503	93.28	91.26	5.08	0.28	0.01
梧州市	4504	27.20	26.86	0.37	1.09	
北海市	4505	38.93	29.00	0.16	0.22	
防城港市	4506	24.24	22.90	0.25	0.08	
钦州市	4507	33.89	32.26	1.00	1.37	
贵港市	4508	32.78	31.83	0.57	1.00	
玉林市	4509	49.03	48.52	2.19	3.03	
百色市	4510	49.42	48.19	0.93	0.65	0.02
贺州市	4511	48.12	48.12	0.21	0.05	
河池市	4512	29.98	29.93	0.45	0.24	0.02
来宾市	4513	11.20	11.20		1.06	
崇左市	4514	12.77	12.04	0.51	0.26	

型分零售业法人企业负债合计

计量单位：亿元

联营企业	有限责任公司	股份有限公司	私营企业	其他企业	港、澳、台商投资企业	外商投资企业
0.07	**329.48**	**95.66**	**544.52**	**0.28**	**32.05**	**9.24**
	155.93	17.95	205.93	0.05	9.36	6.27
	30.18	55.35	93.58	0.01	6.37	0.54
0.01	25.64	10.03	50.15	0.06	0.96	1.07
0.02	11.87	0.85	12.64	0.01	0.34	
	5.66	2.33	20.61	0.02	9.94	
0.01	8.71	0.67	13.18	0.01	1.34	
0.03	7.59	0.25	22.01		1.62	
	9.05	0.85	20.36	0.01	0.83	0.12
	16.74	0.14	26.42	0.02	0.51	
	15.76	5.83	24.99	0.02	0.72	0.51
	33.04	0.33	14.47	0.02		
	5.53	0.47	23.17	0.04	0.06	
	1.93	0.31	7.90	0.01		
	1.86	0.31	9.11			0.73

1-B-29 各地区按登记注册类

地　区	代码	总计	内资企业			
				国有企业	集体企业	股份合作企业
广西壮族自治区	**45**	**2208.74**	**2074.38**	**15.20**	**11.97**	**0.37**
南宁市	4501	820.37	747.65	6.00	0.36	0.05
柳州市	4502	442.09	417.09	1.58	0.52	0.17
桂林市	4503	215.88	205.81	3.03	0.46	0.09
梧州市	4504	67.44	65.25	0.16	1.22	
北海市	4505	72.61	63.50	0.05	0.17	
防城港市	4506	32.41	31.52	0.02	0.03	
钦州市	4507	71.72	65.38	1.53	1.77	
贵港市	4508	86.25	84.17	0.22	0.32	
玉林市	4509	139.49	135.18	0.96	3.63	0.02
百色市	4510	108.33	107.24	0.79	2.19	0.01
贺州市	4511	41.27	41.26	0.07	0.10	
河池市	4512	57.24	57.18	0.36	0.49	0.01
来宾市	4513	23.91	23.91		0.10	0.02
崇左市	4514	29.73	29.23	0.40	0.61	

型分零售业法人企业营业收入

计量单位：亿元

联营企业	有限责任公司	股份有限公司	私营企业	其他企业	港、澳、台商投资企业	外商投资企业
0.10	**705.50**	**206.89**	**1132.12**	**2.25**	**109.94**	**24.42**
0.03	366.28	34.96	339.69	0.28	54.37	18.35
	87.62	130.32	196.61	0.27	23.42	1.58
0.02	74.99	19.58	106.76	0.88	6.77	3.29
0.01	22.14	3.06	38.49	0.17	2.19	0.01
	18.37	4.01	40.77	0.13	9.09	0.01
	9.75	1.19	20.50	0.02	0.89	
	17.87	0.82	43.29	0.10	6.15	0.20
	22.50	3.18	57.82	0.12	1.97	0.12
	38.12	0.81	91.59	0.04	4.30	0.01
0.01	19.56	5.46	79.15	0.06	0.74	0.34
	4.77	0.68	35.60	0.05		
0.02	14.03	1.53	40.65	0.09	0.06	
	5.36	0.75	17.67	0.01		
	4.13	0.53	23.54	0.01		0.51

1-B-30 各地区按零售业态

地　区	代码	有店铺零售	食杂店	便利店	折扣店	超市	大型超市	仓储会员店	百货店	专业店
广西壮族自治区	**45**	**1376.27**	**38.56**	**39.32**	**48.30**	**52.69**	**68.65**	**11.82**	**154.75**	**550.26**
南宁市	4501	491.94	13.49	12.49	5.56	7.20	25.51	3.18	66.42	210.21
柳州市	4502	196.10	2.87	4.93	0.97	2.67	6.27	1.46	16.75	95.62
桂林市	4503	133.78	1.98	2.82	4.79	5.59	3.66	0.78	17.33	63.85
梧州市	4504	47.85	3.35	3.25	0.11	2.75	1.13	0.18	2.98	21.17
北海市	4505	52.88	0.62	0.43	0.18	0.96	13.52	0.46	1.90	14.74
防城港市	4506	30.04	0.39	0.69	0.21	1.32	1.65	0.25	1.61	17.76
钦州市	4507	58.45	2.52	1.44	0.54	7.81	4.02	2.31	7.45	15.42
贵港市	4508	57.19	1.66	1.38	0.32	1.45	1.50	0.81	5.12	20.73
玉林市	4509	82.85	1.85	2.62	0.89	4.30	2.83	1.12	12.76	25.98
百色市	4510	72.71	2.39	1.59	0.30	3.51	5.79	0.59	12.11	21.60
贺州市	4511	62.20	1.55	2.20	33.90	5.45	0.52	0.15	1.98	8.08
河池市	4512	43.38	0.85	3.35	0.08	4.07	1.83	0.19	2.31	12.55
来宾市	4513	20.12	3.98	1.19	0.26	2.81	0.06	0.12	4.27	8.22
崇左市	4514	26.79	1.07	0.95	0.16	2.81	0.36	0.23	1.76	14.33

分零售业法人企业资产总计

计量单位：亿元

专卖店	家 居 建材店	购物 中心	厂家直销 中 心	无店铺 零 售	电视购物	邮购	网上商店	自 动 售货亭	电话购物	其他
445.06	**43.13**	**15.98**	**39.24**	**359.56**	**1.33**	**2.86**	**13.51**	**0.59**	**6.49**	**347.84**
153.11	16.69	2.70	10.42	131.50	0.55	1.37	4.39	0.11	4.40	126.02
60.68	5.08	2.43	6.48	107.51	0.02	0.16	2.89	0.14	0.97	106.73
41.43	2.27	5.99	3.75	28.22	0.11	0.42	1.76	0.07	0.15	27.24
16.00	1.55	0.91	1.38	6.93		0.10	0.43		0.06	6.70
19.37	3.20	0.32	1.63	18.81		0.25	0.95		0.06	17.96
7.38	1.11	0.02	1.01	9.83		0.01	0.27	0.02	0.08	9.46
21.28	1.20	0.97	2.36	7.08	0.02	0.22	0.36	0.05	0.10	6.91
24.87	2.88	0.51	1.22	8.12	0.10	0.04	0.37	0.01	0.10	3.22
33.52	1.47	0.48	1.67	8.81	0.05	0.14	1.07	0.13	0.26	7.66
27.88	3.49	1.05	2.68	19.74	0.35	0.06	0.43	0.01	0.01	19.02
10.62	0.82	0.02	1.47	2.31		0.01	0.12	0.01	0.02	2.27
16.36	1.99	0.22	2.42	5.20	0.10	0.05	0.24	0.01	0.17	4.82
6.98	0.52	0.02	0.34	3.31		0.01	0.03		0.08	3.23
5.58	0.86	0.33	0.82	2.20	0.01		0.21	0.02	0.03	2.02

1-B-31 各地区按零售业态

地　区	代码	有店铺零售	食杂店	便利店	折扣店	超市	大型超市	仓储会员店	百货店	专业店
广西壮族自治区	**45**	**850.09**	**19.22**	**17.31**	**38.29**	**37.93**	**50.19**	**4.18**	**93.58**	**320.59**
南宁市	4501	319.11	9.87	6.41	5.10	6.51	16.87	1.44	43.57	130.48
柳州市	4502	128.47	1.11	1.89	0.49	2.03	4.54	0.23	8.62	62.95
桂林市	4503	79.37	0.80	1.71	1.39	2.77	2.38	0.20	9.26	37.71
梧州市	4504	23.39	0.42	0.59	0.03	0.99	0.76	0.13	1.52	10.73
北海市	4505	34.32	0.37	0.07	0.09	0.88	10.89	0.11	1.22	8.29
防城港市	4506	22.04	0.22	0.50	0.14	1.13	1.46	0.13	1.00	13.17
钦州市	4507	30.43	1.01	0.45	0.08	6.50	3.02	1.13	4.27	6.68
贵港市	4508	29.79	0.73	0.55	0.08	0.90	1.22	0.37	2.96	8.75
玉林市	4509	47.57	0.72	0.95	0.27	2.00	2.03	0.25	9.48	11.38
百色市	4510	38.66	0.60	0.45	0.12	2.06	4.42	0.06	7.63	10.68
贺州市	4511	47.38	1.10	0.73	30.30	3.97	0.45	0.03	1.20	4.41
河池市	4512	27.38	0.36	1.93	0.02	3.14	1.89	0.04	1.41	5.77
来宾市	4513	9.85	1.04	0.53	0.10	2.38	0.02	0.04	1.22	3.49
崇左市	4514	12.32	0.86	0.55	0.09	2.68	0.24	0.01	0.23	6.11

分零售业法人企业负债合计

计量单位：亿元

专卖店	家居建材店	购物中心	厂家直销中心	无店铺零售	电视购物	邮购	网上商店	自动售货亭	电话购物	其他
281.23	**22.58**	**10.11**	**22.22**	**211.31**	**0.44**	**1.00**	**6.26**	**0.24**	**3.11**	**206.37**
101.36	12.02	2.56	8.80	88.31	0.34	0.49	2.25	0.04	1.94	85.14
42.19	2.26	1.55	4.13	60.91		0.11	1.45	0.02	0.91	60.68
25.59	0.85	3.35	2.44	15.80		0.17	1.15	0.04	0.04	15.48
9.35	0.36	0.30	0.61	4.11		0.04	0.06		0.04	4.06
11.86	1.70	0.18	1.08	5.71		0.01	0.45		0.01	5.60
5.52	1.03		0.41	7.82			0.20	0.12		7.50
11.01	0.22	0.69	0.69	3.94		0.10	0.10	0.01	0.01	3.93
15.31	0.55	0.10	0.53	3.26		0.01	0.05			3.22
21.48	0.32	0.34	0.65	3.53	0.01	0.01	0.35	0.02	0.07	3.12
16.26	1.09	0.79	0.59	11.29	0.06	0.02	0.12			11.14
5.31	0.22	0.01	1.28	1.02		0.01	0.01		0.01	1.01
10.99	1.32	0.09	1.37	3.01	0.02	0.02	0.04		0.04	2.92
3.38	0.19	0.04	0.22	1.49		0.01	0.01		0.04	1.46
1.63	0.44	0.11	0.43	1.12			0.03			1.10

1-B-32 各地区按零售业态

地　区	代码	有店铺零　售	食杂店	便利店	折扣店	超市	大型超市	仓　储会员店	百货店	专业店
广西壮族自治区	**45**	**1915.61**	**28.98**	**41.91**	**13.42**	**65.84**	**130.24**	**12.05**	**146.28**	**689.88**
南宁市	4501	731.04	7.75	14.54	7.70	10.34	52.11	3.95	63.31	249.06
柳州市	4502	318.25	3.49	4.51	1.21	3.73	21.96	1.43	18.90	162.31
桂林市	4503	188.10	1.67	5.43	0.93	5.78	11.33	0.88	16.49	72.23
梧州市	4504	60.51	1.40	1.67	0.48	1.90	2.83	0.20	2.87	26.55
北海市	4505	67.31	0.75	0.60	0.19	1.35	10.58	0.46	1.87	17.26
防城港市	4506	28.66	0.31	0.40	0.07	1.40	2.20	0.23	1.60	13.35
钦州市	4507	67.24	3.62	1.09	0.30	4.07	4.54	1.50	5.02	13.28
贵港市	4508	77.42	1.82	1.61	0.30	2.58	5.70	0.92	5.04	25.30
玉林市	4509	132.25	2.15	3.96	1.02	7.28	9.20	1.21	13.47	41.12
百色市	4510	101.74	2.11	1.84	0.15	7.67	5.84	0.28	10.25	28.00
贺州市	4511	39.16	1.24	1.24	0.36	7.25	0.72	0.31	2.90	10.51
河池市	4512	53.52	0.71	2.84	0.06	5.01	1.96	0.17	1.59	13.02
来宾市	4513	21.78	0.28	1.31	0.42	2.86	0.65	0.34	0.68	5.99
崇左市	4514	28.64	1.67	0.88	0.24	4.64	0.63	0.17	2.28	11.89

分零售业法人企业营业收入

计量单位：亿元

专卖店	家　居 建材店	购物中心	厂家直销 中　　心	无店铺 零　售	电视购物	邮购	网上商店	自　动 售货亭	电话购物	其他
789.62	**30.83**	**27.88**	**59.65**	**328.64**	**1.74**	**4.94**	**14.91**	**0.72**	**4.45**	**314.09**
321.77	8.75	4.34	22.02	103.52	0.73	2.25	5.75	0.06	2.68	96.12
92.42	4.91	3.95	9.43	125.64	0.03	0.47	1.40	0.05	0.61	125.05
73.99	2.63	13.64	5.04	30.86	0.12	1.04	2.77	0.05	0.04	29.80
21.66	1.64	0.29	3.58	7.92	0.02	0.02	0.23		0.14	7.71
35.76	1.62	0.97	2.20	7.18		0.18	0.75	0.01	0.02	6.73
9.46	1.07	0.00	0.89	4.43			0.29	0.07	0.01	4.10
35.12	1.13	1.64	2.44	6.64	0.01	0.21	0.29	0.04	0.05	6.52
37.35	1.74	0.35	1.71	9.84		0.11	0.52	0.01	0.10	9.44
57.17	1.79	0.30	3.32	11.81	0.36	0.43	1.30	0.34	0.51	9.86
44.30	2.53	1.46	3.32	8.54	0.35	0.07	0.92	0.01		7.35
16.08	0.66	0.02	2.01	2.95		0.06	0.03	0.03	0.06	2.89
26.50	1.16	0.64	2.73	4.28	0.10	0.09	0.27	0.02	0.09	3.91
10.10	0.37	0.01	0.40	3.19		0.01	0.04	0.02	0.14	3.06
7.93	0.83	0.25	0.55	1.86	0.01		0.35	0.02	0.01	1.57

第二篇

住宿和餐饮业企业基本情况及财务状况

2-A-1　住宿业法人企业基本情况

分　组	代码	法人单位数（个）	从业人员期末人数（人）
住宿业	**61**	**3169**	**75230**
按国民经济行业分组			
旅游饭店	611	1298	47649
一般旅馆	612	1661	25147
经济型连锁酒店	6121	204	3535
其他一般旅馆	6129	1457	21612
民宿服务	613	44	284
露营地服务	614		
其他住宿业	619	166	2150
按登记注册类型分组			
内资企业	100	3138	70128
国有企业	110	89	6003
集体企业	120	48	591
股份合作企业	130	4	49
联营企业	140	3	38
国有联营企业	141	2	38
集体联营企业	142	1	
国有与集体联营企业	143		
其他联营企业	149		
有限责任公司	150	504	18620
国有独资公司	151	15	1472
其他有限责任公司	159	489	17148
股份有限公司	160	75	3089
私营企业	170	2406	41568
私营独资企业	171	313	3416
私营合伙企业	172	53	1058
私营有限责任公司	173	1984	35868
私营股份有限公司	174	56	1226
其他企业	190	9	170
港、澳、台商投资企业	200	22	4553
合资经营企业（港或澳、台资）	210	7	575
合作经营企业（港或澳、台资）	220	2	923
港、澳、台商独资经营企业	230	13	3055
港、澳、台商投资股份有限公司	240		
其他港、澳、台商投资企业	290		
外商投资企业	300	9	549
中外合资经营企业	310	2	176
中外合作经营企业	320		
外资企业	330	2	41
外商投资股份有限公司	340	2	10
其他外商投资企业	390	3	322
按星级分组			
一星	1	53	375
二星	2	119	1767
三星	3	457	11581
四星	4	199	14187
五星	5	41	5368
其他	9	2300	41952

2-A-2 限额以上住宿业法人企业基本情况

分　组	代码	法人单位数（个）	从业人员期末人数（人）
住宿业	**61**	**635**	**49421**
按国民经济行业分组			
旅游饭店	611	391	37433
一般旅馆	612	230	11377
经济型连锁酒店	6121	48	1868
其他一般旅馆	6129	182	9509
民宿服务	613	1	27
露营地服务	614		
其他住宿业	619	13	584
按登记注册类型分组			
内资企业	100	617	44583
国有企业	110	41	5020
集体企业	120	5	245
股份合作企业	130	1	29
联营企业	140		
国有联营企业	141		
集体联营企业	142		
国有与集体联营企业	143		
其他联营企业	149		
有限责任公司	150	176	15105
国有独资公司	151	10	1267
其他有限责任公司	159	166	13838
股份有限公司	160	20	2362
私营企业	170	373	21723
私营独资企业	171	30	1285
私营合伙企业	172	18	779
私营有限责任公司	173	315	19044
私营股份有限公司	174	10	615
其他企业	190	1	99
港、澳、台商投资企业	200	17	4523
合资经营企业（港或澳、台资）	210	3	545
合作经营企业（港或澳、台资）	220	2	923
港、澳、台商独资经营企业	230	12	3055
港、澳、台商投资股份有限公司	240		
其他港、澳、台商投资企业	290		
外商投资企业	300	1	315
中外合资经营企业	310		
中外合作经营企业	320		
外资企业	330		
外商投资股份有限公司	340		
其他外商投资企业	390	1	315
按星级分组			
一星	1	3	135
二星	2	18	845
三星	3	127	7323
四星	4	100	12379
五星	5	16	4726
其他	9	371	24013

2-A-3　住宿业法人企业财务状况

计量单位：亿元

分　　组	代码	资产总计	负债合计	营业收入
住宿业	**61**	**368.57**	**258.68**	**108.57**
按国民经济行业分组				
旅游饭店	611	275.96	202.55	72.53
一般旅馆	612	83.56	51.19	34.06
经济型连锁酒店	6121	9.94	6.87	4.73
其他一般旅馆	6129	73.62	44.32	29.32
民宿服务	613	1.80	0.68	0.25
露营地服务	614			
其他住宿业	619	7.25	4.27	1.73
按登记注册类型分组				
内资企业	100	302.91	208.27	95.76
国有企业	110	23.68	15.80	8.32
集体企业	120	1.27	0.45	0.75
股份合作企业	130	0.11	0.12	0.03
联营企业	140	0.35	0.24	0.05
国有联营企业	141	0.35	0.23	0.04
集体联营企业	142		0.01	0.01
国有与集体联营企业	143			
其他联营企业	149			
有限责任公司	150	97.59	65.61	28.92
国有独资公司	151	4.99	4.96	2.15
其他有限责任公司	159	92.60	60.65	26.77
股份有限公司	160	13.88	8.97	3.67
私营企业	170	165.77	117.08	53.93
私营独资企业	171	9.51	3.16	3.56
私营合伙企业	172	2.84	1.50	1.23
私营有限责任公司	173	149.17	110.44	47.65
私营股份有限公司	174	4.26	1.98	1.49
其他企业	190	0.26	0.01	0.10
港、澳、台商投资企业	200	54.31	44.09	11.95
合资经营企业（港或澳、台资）	210	7.90	9.26	0.83
合作经营企业（港或澳、台资）	220	11.43	5.60	2.77
港、澳、台商独资经营企业	230	34.98	29.24	8.34
港、澳、台商投资股份有限公司	240			
其他港、澳、台商投资企业	290			
外商投资企业	300	11.35	6.32	0.86
中外合资经营企业	310	5.83	4.80	0.22
中外合作经营企业	320			
外资企业	330	1.51	1.23	
外商投资股份有限公司	340			
其他外商投资企业	390	4.00	0.29	0.64
按星级分组				
一星	1	1.08	0.76	0.55
二星	2	3.27	1.61	2.23
三星	3	46.22	31.83	14.40
四星	4	89.79	69.04	21.63
五星	5	41.29	25.77	10.46
其他	9	186.93	129.67	59.30

2-A-4 限额以上住宿业法人企业财务状况

计量单位：亿元

分　组	代码	资产总计	负债合计	营业收入
住宿业	**61**	**268.82**	**203.04**	**82.55**
按国民经济行业分组				
旅游饭店	611	225.80	172.01	62.74
一般旅馆	612	41.04	29.35	19.01
经济型连锁酒店	6121	6.16	5.34	2.82
其他一般旅馆	6129	34.88	24.01	16.19
民宿服务	613	0.35	0.12	0.03
露营地服务	614			
其他住宿业	619	1.62	1.56	0.77
按登记注册类型分组				
内资企业	100	210.64	158.77	70.00
国有企业	110	20.15	13.02	7.39
集体企业	120	0.69	0.29	0.36
股份合作企业	130	0.09	0.09	0.03
联营企业	140			
国有联营企业	141			
集体联营企业	142			
国有与集体联营企业	143			
其他联营企业	149			
有限责任公司	150	85.58	60.51	25.55
国有独资公司	151	4.07	4.60	1.87
其他有限责任公司	159	81.51	55.91	23.68
股份有限公司	160	12.06	8.02	3.13
私营企业	170	92.05	76.83	33.46
私营独资企业	171	3.26	1.42	1.72
私营合伙企业	172	2.30	1.30	1.00
私营有限责任公司	173	85.15	73.01	29.85
私营股份有限公司	174	1.34	1.10	0.89
其他企业	190	0.02	0.01	0.08
港、澳、台商投资企业	200	54.28	44.06	11.92
合资经营企业（港或澳、台资）	210	7.87	9.23	0.80
合作经营企业（港或澳、台资）	220	11.43	5.60	2.77
港、澳、台商独资经营企业	230	34.98	29.24	8.34
港、澳、台商投资股份有限公司	240			
其他港、澳、台商投资企业	290			
外商投资企业	300	3.90	0.21	0.63
中外合资经营企业	310			
中外合作经营企业	320			
外资企业	330			
外商投资股份有限公司	340			
其他外商投资企业	390	3.90	0.21	0.63
按星级分组				
一星	1	0.74	0.57	0.33
二星	2	1.33	1.16	1.31
三星	3	29.47	22.82	9.72
四星	4	74.38	59.48	19.36
五星	5	40.11	25.29	9.96
其他	9	122.80	93.71	41.86

2-A-5 餐饮业法人企业基本情况

分 组	代码	法人单位数（个）	从业人员期末人数（人）	住宿和餐饮业年末餐饮营业面积（平方米）
餐饮业	**62**	**5278**	**61037**	**2346458**
按国民经济行业分组				
正餐服务	621	4061	44428	2068990
快餐服务	622	408	11356	115738
饮料及冷饮服务	623	125	837	27951
茶馆服务	6231	9	18	482
咖啡馆服务	6232	38	193	8108
酒吧服务	6233	32	407	12859
其他饮料及冷饮服务	6239	46	219	6502
餐饮配送及外卖送餐服务	624	176	938	25359
餐饮配送服务	6241	167	788	24414
外卖送餐服务	6242	9	150	945
其他餐饮业	629	508	3478	108420
小吃服务	6291	298	2305	48267
其他未列明餐饮业	6299	210	1173	60153
按登记注册类型分组				
内资企业	100	5242	55024	2288107
国有企业	110	31	1072	37679
集体企业	120	14	175	5240
股份合作企业	130	4	138	6014
联营企业	140	3	19	503
国有联营企业	141	1		200
集体联营企业	142	2	19	303
国有与集体联营企业	143			
其他联营企业	149			
有限责任公司	150	698	13372	408654
国有独资公司	151	4	295	5910
其他有限责任公司	159	694	13077	402744
股份有限公司	160	94	1104	61021
私营企业	170	4385	39052	1762883
私营独资企业	171	674	5445	304237
私营合伙企业	172	49	646	30601
私营有限责任公司	173	3572	32145	1381345
私营股份有限公司	174	90	816	46700
其他企业	190	13	92	6113
港、澳、台商投资企业	200	23	671	14937
合资经营企业（港或澳、台资）	210	11	363	7265
合作经营企业（港或澳、台资）	220			
港、澳、台商独资经营企业	230	11	303	7472
港、澳、台商投资股份有限公司	240			
其他港、澳、台商投资企业	290	1	5	200
外商投资企业	300	13	5342	43414
中外合资经营企业	310	8	77	7538
中外合作经营企业	320			
外资企业	330	3	5242	32226
外商投资股份有限公司	340	2	23	3650
其他外商投资企业	390			

2-A-6 限额以上餐饮业法人企业基本情况

分 组	代码	法人单位数（个）	从业人员期末人数（人）	住宿和餐饮业年末餐饮营业面积（平方米）
餐饮业	**62**	**362**	**30429**	**780644**
按国民经济行业分组				
正餐服务	621	337	19595	709859
快餐服务	622	16	9663	54778
饮料及冷饮服务	623	4	168	6279
茶馆服务	6231			
咖啡馆服务	6232	1	25	200
酒吧服务	6233	2	53	3200
其他饮料及冷饮服务	6239	1	90	2879
餐饮配送及外卖送餐服务	624			
餐饮配送服务	6241			
外卖送餐服务	6242			
其他餐饮业	629	5	1003	9728
小吃服务	6291	3	912	7028
其他未列明餐饮业	6299	2	91	2700
按登记注册类型分组				
内资企业	100	354	24536	729661
国有企业	110	9	423	25162
集体企业	120	2	103	800
股份合作企业	130	2	112	5544
联营企业	140			
国有联营企业	141			
集体联营企业	142			
国有与集体联营企业	143			
其他联营企业	149			
有限责任公司	150	77	8991	174067
国有独资公司	151	2	290	5250
其他有限责任公司	159	75	8701	168817
股份有限公司	160	9	458	28984
私营企业	170	255	14449	495104
私营独资企业	171	41	1746	90152
私营合伙企业	172	5	203	15330
私营有限责任公司	173	205	12357	381727
私营股份有限公司	174	4	143	7895
其他企业	190			
港、澳、台商投资企业	200	6	600	12687
合资经营企业（港或澳、台资）	210	2	327	5700
合作经营企业（港或澳、台资）	220			
港、澳、台商独资经营企业	230	4	273	6987
港、澳、台商投资股份有限公司	240			
其他港、澳、台商投资企业	290			
外商投资企业	300	2	5293	38296
中外合资经营企业	310	1	63	7000
中外合作经营企业	320			
外资企业	330	1	5230	31296
外商投资股份有限公司	340			
其他外商投资企业	390			
按单位规模分组				
大型	1	4	10142	55662
中型	2	30	7063	128767
小型	3	294	13019	547174
微型	4	34	205	49041

2-A-7　餐饮业法人企业财务状况

计量单位：亿元

分　　组	代码	资产总计	负债合计	营业收入
餐饮业	**62**	**83.25**	**58.69**	**74.86**
按国民经济行业分组				
正餐服务	621	68.14	51.55	53.26
快餐服务	622	6.83	3.63	14.78
饮料及冷饮服务	623	2.01	1.37	0.74
茶馆服务	6231	0.04	0.01	0.01
咖啡馆服务	6232	0.17	0.12	0.16
酒吧服务	6233	0.16	0.05	0.32
其他饮料及冷饮服务	6239	1.64	1.19	0.26
餐饮配送及外卖送餐服务	624	0.75	0.34	1.37
餐饮配送服务	6241	0.71	0.31	1.32
外卖送餐服务	6242	0.04	0.03	0.06
其他餐饮业	629	5.51	1.80	4.70
小吃服务	6291	2.63	1.02	3.52
其他未列明餐饮业	6299	2.89	0.78	1.18
按登记注册类型分组				
内资企业	100	79.40	56.87	66.15
国有企业	110	3.53	2.86	0.80
集体企业	120	0.07	0.01	0.18
股份合作企业	130	0.65	0.45	0.17
联营企业	140	0.02		
国有联营企业	141			
集体联营企业	142	0.02		
国有与集体联营企业	143			
其他联营企业	149			
有限责任公司	150	21.84	15.68	19.39
国有独资公司	151	0.48	0.58	0.54
其他有限责任公司	159	21.36	15.10	18.85
股份有限公司	160	3.38	1.71	1.51
私营企业	170	49.75	36.16	44.07
私营独资企业	171	7.96	1.96	5.26
私营合伙企业	172	0.65	0.32	0.43
私营有限责任公司	173	39.54	33.26	37.55
私营股份有限公司	174	1.61	0.62	0.83
其他企业	190	0.15		0.03
港、澳、台商投资企业	200	0.96	0.49	1.27
合资经营企业（港或澳、台资）	210	0.15	0.15	0.44
合作经营企业（港或澳、台资）	220			
港、澳、台商独资经营企业	230	0.82	0.34	0.82
港、澳、台商投资股份有限公司	240			
其他港、澳、台商投资企业	290			
外商投资企业	300	2.88	1.34	7.43
中外合资经营企业	310	0.11	0.08	0.10
中外合作经营企业	320			
外资企业	330	2.66	1.21	7.28
外商投资股份有限公司	340	0.11	0.04	0.05
其他外商投资企业	390			

2-A-8 限额以上餐饮业法人企业财务状况

计量单位：亿元

分组	代码	资产总计	负债合计	营业收入
餐饮业	**62**	**41.75**	**30.87**	**47.59**
按国民经济行业分组				
正餐服务	621	33.39	26.02	31.60
快餐服务	622	5.51	3.17	13.19
饮料及冷饮服务	623	1.66	1.22	0.27
茶馆服务	6231			
咖啡馆服务	6232	0.04	0.04	0.04
酒吧服务	6233	0.04	0.01	0.06
其他饮料及冷饮服务	6239	1.58	1.18	0.17
餐饮配送及外卖送餐服务	624			
餐饮配送服务	6241			
外卖送餐服务	6242			
其他餐饮业	629	1.18	0.45	2.52
小吃服务	6291	1.13	0.45	2.42
其他未列明餐饮业	6299	0.05		0.10
按登记注册类型分组				
内资企业	100	38.08	29.13	39.01
国有企业	110	0.68	0.51	0.46
集体企业	120	0.02	0.01	0.15
股份合作企业	130	0.64	0.45	0.15
联营企业	140			
国有联营企业	141			
集体联营企业	142			
国有与集体联营企业	143			
其他联营企业	149			
有限责任公司	150	14.30	13.02	15.22
国有独资公司	151	0.46	0.53	0.53
其他有限责任公司	159	13.85	12.50	14.69
股份有限公司	160	2.14	1.23	0.84
私营企业	170	20.30	13.90	22.19
私营独资企业	171	3.24	1.31	2.10
私营合伙企业	172	0.24	0.09	0.18
私营有限责任公司	173	16.71	12.46	19.74
私营股份有限公司	174	0.11	0.04	0.17
其他企业	190			
港、澳、台商投资企业	200	0.91	0.46	1.22
合资经营企业（港或澳、台资）	210	0.12	0.13	0.41
合作经营企业（港或澳、台资）	220			
港、澳、台商独资经营企业	230	0.79	0.34	0.81
港、澳、台商投资股份有限公司	240			
其他港、澳、台商投资企业	290			
外商投资企业	300	2.76	1.28	7.36
中外合资经营企业	310	0.10	0.08	0.10
中外合作经营企业	320			
外资企业	330	2.65	1.20	7.27
外商投资股份有限公司	340			
其他外商投资企业	390			
按单位规模分组				
大型	1	5.65	3.06	15.00
中型	2	8.34	8.92	12.43
小型	3	22.61	14.44	18.54
微型	4	5.15	4.45	1.63

2-B-1 分地区住宿业法人企业基本情况

地 区	代码	法人单位数（个）	从业人员期末人数（人）
广西壮族自治区	**45**	**3169**	**75230**
南宁市	4501	872	21667
柳州市	4502	219	6730
桂林市	4503	660	15105
梧州市	4504	86	1962
北海市	4505	306	4720
防城港市	4506	128	2711
钦州市	4507	86	2015
贵港市	4508	88	2335
玉林市	4509	205	5707
百色市	4510	202	4084
贺州市	4511	56	1258
河池市	4512	118	3389
来宾市	4513	55	1639
崇左市	4514	88	1908

2-B-2 各地区按国民经济行业分住宿业法人企业单位数

计量单位：个

地　区	代码	总计	旅游饭店	一般旅馆	民宿服务	露营地服务	其他住宿业
广西壮族自治区	**45**	**3169**	**1298**	**1661**	**44**		**166**
南宁市	4501	872	275	554	6		37
柳州市	4502	219	91	121	3		4
桂林市	4503	660	411	212	11		26
梧州市	4504	86	26	45	2		13
北海市	4505	306	178	110	12		6
防城港市	4506	128	53	56	1		18
钦州市	4507	86	24	53	2		7
贵港市	4508	88	25	54	2		7
玉林市	4509	205	49	148	1		7
百色市	4510	202	70	108	2		22
贺州市	4511	56	10	42			4
河池市	4512	118	42	66	1		9
来宾市	4513	55	19	32			4
崇左市	4514	88	25	60	1		2

2-B-3 各地区按国民经济行业分住宿业法人企业从业人员期末人数

计量单位：人

地　区	代码	总计	旅游饭店	一般旅馆	民宿服务	露营地服务	其他住宿业
广西壮族自治区	**45**	**75230**	**47649**	**25147**	**284**		**2150**
南宁市	4501	21667	12769	8423	28		447
柳州市	4502	6730	4201	2469	8		52
桂林市	4503	15105	12022	2644	80		359
梧州市	4504	1962	1080	722	25		135
北海市	4505	4720	3581	1011	86		42
防城港市	4506	2711	1792	709	5		205
钦州市	4507	2015	1122	841			52
贵港市	4508	2335	926	1355	13		41
玉林市	4509	5707	3725	1899	4		79
百色市	4510	4084	1896	1869	32		287
贺州市	4511	1258	564	446			248
河池市	4512	3389	2105	1138	3		143
来宾市	4513	1639	832	757			50
崇左市	4514	1908	1034	864			10

2-B-4 各地区按登记注册

地 区	代码	总计	内资企业	国有企业	集体企业	股份合作企业
广西壮族自治区	**45**	**3169**	**3138**	**89**	**48**	**4**
南宁市	4501	872	863	19	6	
柳州市	4502	219	217	5	5	
桂林市	4503	660	648	24	16	1
梧州市	4504	86	85	3		
北海市	4505	306	304	11	2	1
防城港市	4506	128	125	2		
钦州市	4507	86	86	1		
贵港市	4508	88	88			
玉林市	4509	205	204	2	8	
百色市	4510	202	202	9	5	
贺州市	4511	56	56	2		1
河池市	4512	118	117	6	1	1
来宾市	4513	55	55	1	2	
崇左市	4514	88	88	4	3	

类型分住宿业法人企业单位数

计量单位：个

联营企业	有限责任公司	股份有限公司	私营企业	其他企业	港、澳、台商投资企业	外商投资企业
3	**504**	**75**	**2406**	**9**	**22**	**9**
1	143	20	674		7	2
	41	9	157		1	1
	125	15	465	2	8	4
	13		69		1	
2	41	2	245		2	
	23	4	94	2	2	1
	10	4	71			
	7	3	77	1		
	22	4	168			1
	27	4	155	2		
	10	2	41			
	23	3	82	1	1	
	5	3	43	1		
	14	2	65			

2-B-5 各地区按登记注册类型

地区	代码	总计	内资企业			
				国有企业	集体企业	股份合作企业
广西壮族自治区	**45**	**75230**	**70128**	**6003**	**591**	**49**
南宁市	4501	21667	19343	2703	141	
柳州市	4502	6730	6345	951	107	
桂林市	4503	15105	13654	1124	205	3
梧州市	4504	1962	1788	106		
北海市	4505	4720	4061	370	10	
防城港市	4506	2711	2613	89		
钦州市	4507	2015	2015	20		
贵港市	4508	2335	2335			
玉林市	4509	5707	5697	82	82	
百色市	4510	4084	4084	171	16	
贺州市	4511	1258	1258	32		17
河池市	4512	3389	3388	321	10	29
来宾市	4513	1639	1639	25	9	
崇左市	4514	1908	1908	9	11	

分住宿业法人企业从业人员期末人数

计量单位：人

	联营企业	有限责任公司	股份有限公司	私营企业	其他企业	港、澳、台商投资企业	外商投资企业
	38	**18620**	**3089**	**41568**	**170**	**4553**	**549**
		4720	189	11590		2148	176
		1836	668	2783		70	315
		4273	732	7283	34	1403	48
		322		1360		174	
	38	959	43	2641		659	
		737	96	1629	12	98	
		440	289	1266			
		341	177	1718	99		
		1854	236	3443			10
		73[illegible]	115	3039	10		
		353	19	837			
		1215	79	1733		1	
		55	355	1180	15		
		7[illegible]1	91	1066			

2-B-6 各地区按星级分住宿业法人企业单位数

计量单位：个

地　区	代码	总计	一星	二星	三星	四星	五星	其他
广西壮族自治区	**45**	**3169**	**53**	**119**	**457**	**199**	**41**	**2300**
南宁市	4501	872	10	30	120	41	6	665
柳州市	4502	219	3	8	24	17	4	163
桂林市	4503	660	1	9	60	42	10	538
梧州市	4504	86	1	2	15	1	1	66
北海市	4505	306	16	16	39	8	4	223
防城港市	4506	128	4	5	21	13	1	84
钦州市	4507	86	2	2	22	5	2	53
贵港市	4508	88	1	2	14	5		66
玉林市	4509	205	6	24	37	10	4	124
百色市	4510	202	5	13	46	21	4	113
贺州市	4511	56		2	7	7	1	39
河池市	4512	118	2	5	27	13	4	67
来宾市	4513	55			11	6		38
崇左市	4514	88	2	1	14	10		61

2-B-7 各地区按星级分住宿业法人企业从业人员期末人数

计量单位：人

地　区	代码	总计	一星	二星	三星	四星	五星	其他
广西壮族自治区	**45**	**75230**	**375**	**1767**	**11581**	**14187**	**5368**	**41952**
南宁市	4501	21667	62	350	2649	3152	1252	14202
柳州市	4502	6730	11	97	798	1481	1032	3311
桂林市	4503	15105	3	280	1714	3306	1404	8398
梧州市	4504	1962	4	73	469	174	10	1232
北海市	4505	4720	71	156	891	404	407	2791
防城港市	4506	2711	102	40	511	275	315	1468
钦州市	4507	2015	9	14	433	61	254	1244
贵港市	4508	2335	6	16	246	461		1606
玉林市	4509	5707	66	439	1206	1482	508	2006
百色市	4510	4084	24	197	1223	704	74	1862
贺州市	4511	1258		29	167	593	63	406
河池市	4512	3389	5	69	710	1196	49	1360
来宾市	4513	1639			349	188		1102
崇左市	4514	1908	12	7	215	710		964

2-B-8 分地区住宿业法人企业财务状况

计量单位：亿元

地　　区	代码	资产总计	负债合计	营业收入
广西壮族自治区	**45**	**368.57**	**258.68**	**108.57**
南宁市	4501	104.02	71.73	38.68
柳州市	4502	22.57	14.60	9.87
桂林市	4503	95.27	71.85	22.54
梧州市	4504	22.95	20.23	3.01
北海市	4505	22.75	15.17	7.27
防城港市	4506	14.59	11.31	2.56
钦州市	4507	9.07	5.63	2.30
贵港市	4508	8.27	4.50	2.60
玉林市	4509	18.15	8.76	7.08
百色市	4510	18.06	12.23	4.21
贺州市	4511	2.47	1.17	1.17
河池市	4512	11.49	8.10	2.92
来宾市	4513	8.26	5.83	1.68
崇左市	4514	10.66	7.58	2.67

2-B-9 各地区按国民经济行业分住宿业法人企业资产总计

计量单位：亿元

地　区	代码	总计	旅游饭店	一般旅馆	民宿服务	露营地服务	其他住宿业
广西壮族自治区	**45**	**368.57**	**275.96**	**83.56**	**1.80**		**7.25**
南宁市	4501	104.02	75.54	27.25	0.02		1.22
柳州市	4502	22.57	16.23	6.22	0.07		0.04
桂林市	4503	95.27	83.19	9.96	0.16		1.96
梧州市	4504	22.95	19.38	3.22			0.34
北海市	4505	22.75	18.37	3.17	1.14		0.07
防城港市	4506	14.59	10.60	2.76			1.23
钦州市	4507	9.07	7.23	1.65			0.18
贵港市	4508	8.27	3.97	4.26	0.02		0.02
玉林市	4509	18.15	13.49	4.40	0.04		0.23
百色市	4510	18.06	7.63	9.03	0.36		1.04
贺州市	4511	2.47	1.21	1.17			0.10
河池市	4512	11.49	8.87	2.22			0.39
来宾市	4513	8.26	4.48	3.37			0.41
崇左市	4514	10.66	5.77	4.88			0.01

2-B-10 各地区按国民经济行业分住宿业法人企业负债合计

计量单位：亿元

地区	代码	总计	旅游饭店	一般旅馆	民宿服务	露营地服务	其他住宿业
广西壮族自治区	**45**	**258.68**	**202.55**	**51.19**	**0.68**		**4.27**
南宁市	4501	71.73	56.32	14.31			1.09
柳州市	4502	14.60	9.79	4.76	0.02		0.02
桂林市	4503	71.85	64.25	5.80	0.04		1.77
梧州市	4504	20.23	17.26	2.79			0.19
北海市	4505	15.17	12.81	1.86	0.45		0.05
防城港市	4506	11.31	9.18	1.98			0.16
钦州市	4507	5.63	5.25	0.36			0.02
贵港市	4508	4.50	1.47	3.03			
玉林市	4509	8.76	7.45	1.25	0.04		0.02
百色市	4510	12.23	6.09	5.36	0.12		0.66
贺州市	4511	1.17	0.35	0.73			0.09
河池市	4512	8.10	6.06	1.85			0.19
来宾市	4513	5.83	2.67	3.16			
崇左市	4514	7.58	3.61	3.96			

2-B-11 各地区按国民经济行业分住宿业法人企业营业收入

计量单位：亿元

地区	代码	总计	旅游饭店	一般旅馆	民宿服务	露营地服务	其他住宿业
广西壮族自治区	**45**	**108.57**	**72.53**	**34.06**	**0.25**		**1.73**
南宁市	4501	38.68	23.28	15.02	0.01		0.38
柳州市	4502	9.87	6.34	3.49	0.01		0.04
桂林市	4503	22.54	18.61	3.59	0.03		0.30
梧州市	4504	3.01	2.07	0.78	0.04		0.12
北海市	4505	7.27	6.23	0.93	0.10		0.02
防城港市	4506	2.56	1.61	0.82			0.13
钦州市	4507	2.30	1.35	0.92			0.03
贵港市	4508	2.60	1.04	1.53	0.01		0.03
玉林市	4509	7.08	5.13	1.92	0.01		0.02
百色市	4510	4.21	2.05	1.93	0.04		0.18
贺州市	4511	1.17	0.55	0.33			0.29
河池市	4512	2.92	1.87	0.90			0.15
来宾市	4513	1.68	0.88	0.77			0.03
崇左市	4514	2.67	1.53	1.13			0.01

2-B-12 各地区按登记注册

地区	代码	总计	内资企业			
				国有企业	集体企业	股份合作企业
广西壮族自治区	**45**	**368.57**	**302.91**	**23.68**	**1.27**	**0.11**
南宁市	4501	104.02	73.14	9.32	0.23	
柳州市	4502	22.57	18.57	3.45	0.26	
桂林市	4503	95.27	78.58	7.31	0.53	
梧州市	4504	22.95	17.40	0.51		
北海市	4505	22.75	14.21	1.91	0.01	
防城港市	4506	14.59	14.59	0.06		
钦州市	4507	9.07	9.07	0.12		
贵港市	4508	8.27	8.27			
玉林市	4509	18.15	18.15	0.08	0.16	
百色市	4510	18.06	18.06	0.42		
贺州市	4511	2.47	2.47	0.03		0.02
河池市	4512	11.49	11.48	0.44	0.01	0.09
来宾市	4513	8.26	8.26	0.01	0.02	
崇左市	4514	10.66	10.66	0.03	0.05	

类型分住宿业法人企业资产总计

计量单位：亿元

联营企业	有限责任公司	股份有限公司	私营企业	其他企业	港、澳、台商投资企业	外商投资企业
0.35	**97.59**	**13.88**	**165.77**	**0.26**	**54.31**	**11.35**
	28.76	0.68	34.15		25.25	5.64
	4.04	1.55	9.28		0.09	3.90
	31.20	4.02	35.51	0.01	14.88	1.81
	2.12		14.77		5.56	
0.35	3.51	0.02	8.41		8.54	
	1.30	0.12	12.90	0.21		
	1.52	4.35	3.07			
	1.04	0.56	6.64	0.02		
	8.70	0.26	8.94			
	4.32	0.22	13.08	0.02		
	0.63	0.01	1.77			
	3.26	0.21	7.48			
	1.44	1.53	5.27			
	5.76	0.34	4.49			

2-B-13 各地区按登记注册

地　区	代码	总计	内资企业			
				国有企业	集体企业	股份合作企业
广西壮族自治区	**45**	**258.68**	**208.27**	**15.80**	**0.45**	**0.12**
南宁市	4501	71.73	48.46	4.76	0.09	
柳州市	4502	14.60	13.79	1.63	0.03	
桂林市	4503	71.85	55.67	6.15	0.27	
梧州市	4504	20.23	16.77	0.52		
北海市	4505	15.17	8.48	1.47		
防城港市	4506	11.31	11.31	0.01		
钦州市	4507	5.63	5.63			
贵港市	4508	4.50	4.50			
玉林市	4509	8.76	8.76	0.12	0.02	
百色市	4510	12.23	12.23	0.52		
贺州市	4511	1.17	1.17			0.03
河池市	4512	8.10	8.10	0.54		0.09
来宾市	4513	5.83	5.83	0.07	0.01	
崇左市	4514	7.58	7.58	0.02	0.02	

类型分住宿业法人企业负债合计

计量单位：亿元

联营企业	有限责任公司	股份有限公司	私营企业	其他企业	港、澳、台商投资企业	外商投资企业
0.24	**65.61**	**8.97**	**117.08**	**0.01**	**44.09**	**6.32**
0.01	17.59	0.47	25.54		18.50	4.76
	3.2[illegible]	0.75	8.17		0.60	0.21
	22.22	1.71	25.32		14.83	1.34
	1.44		14.80		3.47	
0.23	1.86		4.91		6.70	
	0.70	0.04	10.56			
	1.[illegible]	3.68	0.81			
	0.53	0.42	3.54	0.01		
	5.71	0.07	2.83			
	3.29	0.05	8.39			
	0.4[illegible]		0.67			
	2.8[illegible]	0.13	4.51			
	0.26	1.51	3.98			
	4.35	0.13	3.04			

2-B-14 各地区按登记注册

地 区	代码	总计	内资企业			
				国有企业	集体企业	股份合作企业
广西壮族自治区	**45**	**108.57**	**95.76**	**8.32**	**0.75**	**0.03**
南宁市	4501	38.68	32.86	4.17	0.19	
柳州市	4502	9.87	9.15	1.47	0.12	
桂林市	4503	22.54	19.11	1.28	0.29	
梧州市	4504	3.01	2.66	0.04		
北海市	4505	7.27	4.79	0.38		
防城港市	4506	2.56	2.56	0.12		
钦州市	4507	2.30	2.30	0.02		
贵港市	4508	2.60	2.60			
玉林市	4509	7.08	7.08	0.27	0.11	
百色市	4510	4.21	4.21	0.17	0.01	
贺州市	4511	1.17	1.17	0.03		
河池市	4512	2.92	2.92	0.32	0.01	0.03
来宾市	4513	1.68	1.68	0.03	0.01	
崇左市	4514	2.67	2.67	0.01	0.01	

类型分住宿业法人企业营业收入

计量单位：亿元

联营企业	有限责任公司	股份有限公司	私营企业	其他企业	港、澳、台商投资企业	外商投资企业
0.05	**28.92**	**3.67**	**53.93**	**0.10**	**11.95**	**0.86**
	8.84	0.15	19.50		5.61	0.22
	2.55	1.18	3.82		0.09	0.63
	7.48	0.75	9.29	0.01	3.42	0.01
	0.43		2.19		0.35	
0.04	1.45	0.04	2.88		2.49	
	0.99	0.03	1.42			
	0.63	0.45	1.20			
	0.42	0.21	1.90	0.08		
	2.75	0.24	3.71			
	0.73	0.14	3.15			
	0.21	0.02	0.91			
	[illegible]	0.03	1.22			
	[illegible]	0.31	1.28			
	[illegible]	0.13	1.45			

2-B-15 各地区按星级分住宿业法人企业资产总计

计量单位：亿元

地　区	代码	总计	一星	二星	三星	四星	五星	其他
广西壮族自治区	**45**	**368.57**	**1.08**	**3.27**	**46.22**	**89.79**	**41.29**	**186.93**
南宁市	4501	104.02	0.04	0.70	11.43	13.66	12.56	65.62
柳州市	4502	22.57	0.03	0.13	1.40	4.53	4.14	12.33
桂林市	4503	95.27		0.56	7.23	33.49	14.01	39.99
梧州市	4504	22.95	0.01	0.03	3.14	5.56	0.01	14.21
北海市	4505	22.75	0.17	0.21	2.08	2.71	2.43	15.15
防城港市	4506	14.59	0.59	0.05	1.97	4.70	0.16	7.12
钦州市	4507	9.07	0.01	0.02	0.67	0.49	4.31	3.57
贵港市	4508	8.27		0.01	0.59	1.52		6.15
玉林市	4509	18.15	0.15	0.60	4.41	4.84	3.24	4.92
百色市	4510	18.06	0.06	0.78	6.16	4.84	0.22	5.99
贺州市	4511	2.47		0.03	0.40	0.89	0.11	1.05
河池市	4512	11.49		0.15	3.48	4.75	0.10	3.01
来宾市	4513	8.26			0.93	2.70		4.63
崇左市	4514	10.66	0.01	0.01	2.33	5.12		3.19

2-B-16 各地区按星级分住宿业法人企业负债合计

计量单位：亿元

地　区	代码	总计	一星	二星	三星	四星	五星	其他
广西壮族自治区	**45**	**258.68**	**0.76**	**1.61**	**31.83**	**69.04**	**25.77**	**129.67**
南宁市	4501	71.73	0.01	0.50	6.56	9.61	7.02	48.02
柳州市	4502	14.60	0.06	0.09	0.81	4.59	2.48	6.57
桂林市	4503	71.85		0.29	6.74	29.86	7.15	27.81
梧州市	4504	20.23		0.02	2.95	3.47		13.79
北海市	4505	15.17	0.11	0.09	1.45	1.43	2.93	9.17
防城港市	4506	11.31	0.55	0.04	1.09	4.42	0.18	5.05
钦州市	4507	5.63			0.50	0.08	3.66	1.40
贵港市	4508	4.50		0.01	0.10	1.14		3.26
玉林市	4509	8.76	0.03	0.31	2.37	1.32	2.24	2.50
百色市	4510	12.23		0.11	4.63	3.53	0.06	3.90
贺州市	4511	1.17		0.03	0.27	0.28	0.06	0.53
河池市	4512	8.10		0.13	3.30	2.86	0.01	1.80
来宾市	4513	5.83			0.41	0.86		4.56
崇左市	4514	7.58			0.65	5.61		1.32

2-B-17 各地区按星级分住宿业法人企业营业收入

计量单位：亿元

地区	代码	总计	一星	二星	三星	四星	五星	其他
广西壮族自治区	**45**	**108.57**	**0.55**	**2.23**	**14.40**	**21.63**	**10.46**	**59.30**
南宁市	4501	38.68	0.07	0.42	4.35	6.09	2.91	24.84
柳州市	4502	9.87	0.01	0.19	1.14	2.39	1.76	4.37
桂林市	4503	22.54		0.39	2.18	4.60	3.59	11.77
梧州市	4504	3.01	0.02	0.04	0.58	0.35	0.02	2.00
北海市	4505	7.27	0.04	0.12	1.16	0.79	0.91	4.26
防城港市	4506	2.56	0.30	0.03	0.37	0.21	0.21	1.44
钦州市	4507	2.30	0.01	0.01	0.36	0.08	0.41	1.42
贵港市	4508	2.60		0.01	0.27	0.59		1.73
玉林市	4509	7.08	0.05	0.78	1.44	2.41	0.47	1.94
百色市	4510	4.21	0.03	0.17	1.25	0.71	0.08	1.97
贺州市	4511	1.17		0.01	0.10	0.65	0.07	0.33
河池市	4512	2.92		0.06	0.61	1.23	0.03	0.99
来宾市	4513	1.68			0.33	0.32		1.03
崇左市	4514	2.67	0.01		0.26	1.20		1.19

2-B-18 分地区餐饮业法人企业基本情况

地　　区	代码	法人单位数（个）	从业人员期末人数（人）	住宿和餐饮业年末餐饮营业面积（平方米）
广西壮族自治区	**45**	**5278**	**61037**	**2346458**
南宁市	4501	2163	28133	726643
柳州市	4502	677	6305	188771
桂林市	4503	526	6487	300165
梧州市	4504	159	1846	71151
北海市	4505	243	2209	122843
防城港市	4506	94	909	67517
钦州市	4507	173	2325	113894
贵港市	4508	165	2017	149646
玉林市	4509	351	3243	158547
百色市	4510	336	3214	163854
贺州市	4511	98	1161	56169
河池市	4512	139	1237	83052
来宾市	4513	56	535	37127
崇左市	4514	98	1416	107079

2-B-19 各地区按国民经济

地　区	代码	总计	
			正餐服务
广西壮族自治区	**45**	**5278**	**4061**
南宁市	4501	2163	1699
柳州市	4502	677	497
桂林市	4503	526	457
梧州市	4504	159	117
北海市	4505	243	176
防城港市	4506	94	70
钦州市	4507	173	120
贵港市	4508	165	146
玉林市	4509	351	287
百色市	4510	336	225
贺州市	4511	98	68
河池市	4512	139	87
来宾市	4513	56	37
崇左市	4514	98	75

行业分餐饮业法人企业单位数

计量单位：个

快餐服务	饮料及冷饮服务	餐饮配送及外卖送餐服务	其他餐饮业
408	**125**	**176**	**508**
163	37	50	214
60	19	22	79
23	9	8	29
14	9	8	11
41	3	12	11
7	1	6	10
13	7	15	18
5	1	7	6
20	8	13	23
32	16	14	49
5	4	5	16
14	7	9	22
4	3	4	8
7	1	3	12

2-B-20 各地区按国民经济行业

地　　区	代码	总计	
			正餐服务
广西壮族自治区	**45**	**61037**	**44428**
南宁市	4501	28133	16111
柳州市	4502	6305	5332
桂林市	4503	6487	6022
梧州市	4504	1846	1532
北海市	4505	2209	1955
防城港市	4506	909	799
钦州市	4507	2325	2004
贵港市	4508	2017	1919
玉林市	4509	3243	2868
百色市	4510	3214	2497
贺州市	4511	1161	629
河池市	4512	1237	1036
来宾市	4513	535	478
崇左市	4514	1416	1246

分餐饮业法人企业从业人员期末人数

计量单位：人

快餐服务	饮料及冷饮服务	餐饮配送及外卖送餐服务	其他餐饮业
11356	**837**	**938**	**3478**
9549	290	284	1899
401	166	78	328
212	42	39	172
118	45	125	26
149	25	48	32
46	1	20	43
79	31	128	83
36	2	26	34
158	33	61	123
159	170	37	351
367	4	26	135
44	12	36	109
13	16	3	25
25		27	118

2-B-21 各地区按国民经济行业分

地　　区	代码	总计	正餐服务
广西壮族自治区	**45**	**2346458**	**2068990**
南宁市	4501	726643	609959
柳州市	4502	188771	155634
桂林市	4503	300165	286671
梧州市	4504	71151	64795
北海市	4505	122843	113333
防城港市	4506	67517	57606
钦州市	4507	113894	104972
贵港市	4508	149646	145178
玉林市	4509	158547	144843
百色市	4510	163854	142433
贺州市	4511	56169	47231
河池市	4512	83052	64446
来宾市	4513	37127	31412
崇左市	4514	107079	100477

餐饮业法人企业年末餐饮营业面积

计量单位：平方米

快餐服务	饮料及冷饮服务	餐饮配送及外卖送餐服务	其他餐饮业
115738	**27951**	**25359**	**108420**
68714	9711	4657	33602
10236	5260	3190	14451
3462	951	2362	6719
3805	1176	870	505
5325	575	1010	2600
3361	60	1140	5350
2528	475	4045	1874
1050	30	1563	1825
4804	426	1685	6789
5664	7212	773	7772
2730	155	720	5333
2935	1060	1999	12612
490	510	85	4630
634	350	1260	4358

2-B-22 各地区按登记注册

地　　区	代码	总计	内资企业			
				国有企业	集体企业	股份合作企业
广西壮族自治区	**45**	**5278**	**5242**	**31**	**14**	**4**
南宁市	4501	2163	2141	3	2	1
柳州市	4502	677	675	2	3	2
桂林市	4503	526	517	1	4	1
梧州市	4504	159	158	1	1	
北海市	4505	243	243	1		
防城港市	4506	94	94	1	2	
钦州市	4507	173	172			
贵港市	4508	165	164	1		
玉林市	4509	351	351	2	1	
百色市	4510	336	336	5		
贺州市	4511	98	98	2		
河池市	4512	139	139	10		
来宾市	4513	56	56			
崇左市	4514	98	98	2	1	

类型分餐饮业法人企业单位数

计量单位：个

联营企业	有限责任公司	股份有限公司	私营企业	其他企业	港、澳、台商投资企业	外商投资企业
3	**698**	**94**	**4385**	**13**	**23**	**13**
	370	46	1717	2	16	6
	50	10	598		1	1
	75	14	419	2	4	5
	19		137		1	
	26	5	210	1		
	9	1	78	3		
	15	3	154			1
1	[illegible]	1	148		1	
	[illegible]	3	311			
1	35	6	288	1		
1	[illegible]	1	83			
	9	2	117	1		
	8	1	47			
	13	1	78	3		

2-B-23 各地区按登记注册类型

地　　区	代码	总计	内资企业			
				国有企业	集体企业	股份合作企业
广西壮族自治区	**45**	**61037**	**55024**	**1072**	**175**	**138**
南宁市	4501	28133	22642	325	58	18
柳州市	4502	6305	6218	46	64	112
桂林市	4503	6487	6125	8	12	8
梧州市	4504	1846	1841	61	7	
北海市	4505	2209	2209	118		
防城港市	4506	909	909		15	
钦州市	4507	2325	2262			
贵港市	4508	2017	2012	10		
玉林市	4509	3243	3243	103	10	
百色市	4510	3214	3214	191		
贺州市	4511	1161	1161	12		
河池市	4512	1237	1237	150		
来宾市	4513	535	535			
崇左市	4514	1416	1416	48	9	

分餐饮业法人企业从业人员期末人数

计量单位：人

联营企业	有限责任公司	股份有限公司	私营企业	其他企业	港、澳、台商投资企业	外商投资企业
19	**13372**	**1104**	**39052**	**92**	**671**	**5342**
	8692	317	13205	27	238	5253
	380	53	5563		87	
	1165	76	4840	16	336	26
	464		1309		5	
	196	251	1634	10		
	113	50	723	8		
	517	123	1622			63
4	295	25	1678		5	
	291	10	2829			
15	515	92	2382	19		
	58	20	1071			
	142	55	888	2		
	215	2	318			
	329	30	990	10		

2-B-24 各地区按登记注册类型

地　区	代码	总计	内资企业	国有企业	集体企业	股份合作企业
广西壮族自治区	**45**	**2346458**	**2288107**	**37679**	**5240**	**6014**
南宁市	4501	726643	684740	70	680	170
柳州市	4502	188771	187281	1514	410	5544
桂林市	4503	300165	292627	150	2540	300
梧州市	4504	71151	70951	500	90	
北海市	4505	122843	122843	1600		
防城港市	4506	67517	67517		420	
钦州市	4507	113894	106894			
贵港市	4508	149646	149426	200		
玉林市	4509	158547	158547	4981	300	
百色市	4510	163854	163854	15151		
贺州市	4511	56169	56169	2220		
河池市	4512	83052	83052	7583		
来宾市	4513	37127	37127			
崇左市	4514	107079	107079	3710	800	

分餐饮业法人企业年末餐饮营业面积

计量单位：平方米

联营企业	有限责任公司	股份有限公司	私营企业	其他企业	港、澳、台商投资企业	外商投资企业
503	**408654**	**61021**	**1762883**	**6113**	**14937**	**43414**
	153431	12382	517757	250	6907	34996
	14080	2575	163158		1350	140
	37283	5046	246508	800	6260	1278
	11735		58626		200	
	9280	9140	101823	1000		
	6735	2000	56136	2223		
	[illegible]	448	89715			7000
253	42973	6000	100000		220	
	20568	300	132398			
50	[illegible]	18138	109479	200		
200	[illegible]	500	50453			
	32900	4102	38167	300		
	[illegible]	40	19928			
	[illegible]	350	78735	1340		

2-B-25 分地区餐饮业法人企业财务状况

计量单位：亿元

地　　区	代码	资产总计	负债合计	营业收入
广西壮族自治区	**45**	**83.25**	**58.69**	**74.86**
南宁市	4501	33.02	37.07	36.51
柳州市	4502	9.00	4.39	7.41
桂林市	4503	5.86	3.38	8.79
梧州市	4504	2.64	0.70	1.67
北海市	4505	3.96	2.18	2.62
防城港市	4506	1.80	0.66	0.80
钦州市	4507	4.66	1.84	2.17
贵港市	4508	4.15	1.01	1.93
玉林市	4509	4.16	1.44	4.10
百色市	4510	5.87	1.96	4.50
贺州市	4511	2.47	2.13	1.46
河池市	4512	1.64	0.32	0.86
来宾市	4513	1.25	0.55	0.56
崇左市	4514	2.75	1.07	1.48

2-B-26 各地区按国民经济行业分餐饮业法人企业资产总计

计量单位：亿元

地　区	代码	总计	正餐服务	快餐服务	饮料及冷饮服务	餐饮配送及外卖送餐服务	其他餐饮业
广西壮族自治区	45	**83.25**	**68.14**	**6.83**	**2.01**	**0.75**	**5.51**
南宁市	4501	33.02	24.73	5.50	0.18	0.18	2.44
柳州市	4502	9.00	6.28	0.52	1.62	0.04	0.54
桂林市	4503	5.86	5.56	0.09	0.01	0.07	0.13
梧州市	4504	2.64	2.46	0.10	0.03	0.03	0.02
北海市	4505	3.96	3.76	0.07	0.03	0.01	0.09
防城港市	4506	1.80	1.46	0.03		0.01	0.31
钦州市	4507	4.66	4.42	0.05	0.02	0.07	0.11
贵港市	4508	4.15	4.11	0.02		0.01	0.01
玉林市	4509	4.16	3.74	0.16	0.01	0.02	0.23
百色市	4510	5.87	4.54	0.14	0.07	0.12	1.00
贺州市	4511	2.47	2.18	0.08	0.01	0.09	0.11
河池市	4512	1.64	1.36	0.05	0.02	0.02	0.20
来宾市	4513	1.25	1.20	0.02	0.01		0.03
崇左市	4514	2.75	2.34	0.03		0.08	0.30

2-B-27 各地区按国民经济行业分餐饮业法人企业负债合计

计量单位：亿元

地　区	代码	总计	正餐服务	快餐服务	饮料及冷饮服务	餐饮配送及外卖送餐服务	其他餐饮业
广西壮族自治区	**45**	**58.69**	**51.55**	**3.63**	**1.37**	**0.34**	**1.80**
南宁市	4501	37.07	32.50	3.16	0.14	0.11	1.15
柳州市	4502	4.39	2.70	0.26	1.21	0.03	0.20
桂林市	4503	3.38	3.29	0.03		0.03	0.02
梧州市	4504	0.70	0.67	0.01		0.02	
北海市	4505	2.18	2.15	0.02		0.01	
防城港市	4506	0.66	0.50				0.15
钦州市	4507	1.84	1.82			0.01	0.01
贵港市	4508	1.01	0.99	0.01			
玉林市	4509	1.44	1.30	0.06		0.01	0.07
百色市	4510	1.96	1.74	0.03	0.01	0.09	0.10
贺州市	4511	2.13	2.05	0.04		0.01	0.03
河池市	4512	0.32	0.26		0.01	0.01	0.03
来宾市	4513	0.55	0.54				0.01
崇左市	4514	1.07	1.02				0.04

2-B-28 各地区按国民经济行业分餐饮业法人企业营业收入

计量单位：亿元

地　区	代码	总计	正餐服务	快餐服务	饮料及冷饮服务	餐饮配送及外卖送餐服务	其他餐饮业
广西壮族自治区	45	**74.86**	**53.26**	**14.78**	**0.74**	**1.37**	**4.70**
南宁市	4501	36.51	19.82	12.55	0.28	0.53	3.33
柳州市	4502	7.41	6.22	0.58	0.21	0.07	0.34
桂林市	4503	8.79	8.33	0.20	0.03	0.08	0.15
梧州市	4504	1.67	1.38	0.13	0.04	0.11	0.02
北海市	4505	2.62	2.46	0.10		0.04	0.02
防城港市	4506	0.80	0.71	0.04		0.03	0.03
钦州市	4507	2.17	1.83	0.10	0.02	0.14	0.07
贵港市	4508	1.93	1.86	0.03		0.02	0.02
玉林市	4509	4.10	3.65	0.24	0.02	0.05	0.14
百色市	4510	4.50	3.64	0.19	0.13	0.22	0.31
贺州市	4511	1.46	0.81	0.54		0.02	0.08
河池市	4512	0.86	0.68	0.04	0.01	0.04	0.10
来宾市	4513	0.56	0.53	0.01			0.01
崇左市	4514	1.48	1.34	0.04		0.02	0.07

2-B-29 各地区按登记注册

地　　区	代码	总计	内资企业			
				国有企业	集体企业	股份合作企业
广西壮族自治区	**45**	**83.25**	**79.40**	**3.53**	**0.07**	**0.65**
南宁市	4501	33.02	29.75	2.49	0.01	
柳州市	4502	9.00	8.67	0.02	0.02	0.64
桂林市	4503	5.86	5.72			
梧州市	4504	2.64	2.64	0.03	0.02	
北海市	4505	3.96	3.96	0.22		
防城港市	4506	1.80	1.80		0.03	
钦州市	4507	4.66	4.56			
贵港市	4508	4.15	4.14	0.02		
玉林市	4509	4.16	4.16	0.13		
百色市	4510	5.87	5.87	0.32		
贺州市	4511	2.47	2.47	0.08		
河池市	4512	1.64	1.64	0.09		
来宾市	4513	1.25	1.25			
崇左市	4514	2.75	2.75	0.12	0.01	

类型分餐饮业法人企业资产总计

计量单位：亿元

联营企业	有限责任公司	股份有限公司	私营企业	其他企业	港、澳、台商投资企业	外商投资企业
0.02	**21.84**	**3.38**	**49.75**	**0.15**	**0.96**	**2.88**
	12.77	2.01	12.46		0.51	2.77
	0.38	0.01	7.61		0.32	0.01
	1.95	0.03	3.63	0.10	0.13	0.01
	1.25		1.34			
	0.15	0.39	3.18	0.01		
	0.30	0.31	1.17			
	1.21	0.12	3.23			0.10
	0.30	0.05	3.77		0.01	
	0.38	0.01	3.64			
0.02	1.21	0.32	3.99			
	0.03	0.03	2.33			
	0.37	0.09	1.08	0.01		
	0.67		0.59			
	0.86	0.01	1.72	0.03		

2-B-30 各地区按登记注册

地　　区	代码	总计	内资企业			
				国有企业	集体企业	股份合作企业
广西壮族自治区	**45**	**58.69**	**56.87**	**2.86**	**0.01**	**0.45**
南宁市	4501	37.07	35.65	2.14		
柳州市	4502	4.39	4.20	0.02	0.01	0.45
桂林市	4503	3.38	3.25			
梧州市	4504	0.70	0.70	0.06		
北海市	4505	2.18	2.18	0.09		
防城港市	4506	0.66	0.66			
钦州市	4507	1.84	1.76			
贵港市	4508	1.01	1.00			
玉林市	4509	1.44	1.44	0.06		
百色市	4510	1.96	1.96	0.37		
贺州市	4511	2.13	2.13	0.02		
河池市	4512	0.32	0.32	0.08		
来宾市	4513	0.55	0.55			
崇左市	4514	1.07	1.07	0.03		

类型分餐饮业法人企业负债合计

计量单位：亿元

					港、澳、台商投资企业	外商投资企业
联营企业	有限责任公司	股份有限公司	私营企业	其他企业		
	15.68	**1.71**	**36.16**		**0.49**	**1.34**
	11.22	0.90	21.39		0.16	1.26
	0.04		3.68		0.19	
	1.83	0.02	1.40		0.13	
	0.15		0.49			
	0.01	0.50	1.58			
	0.[illegible]	0.13	0.43			
	0.27	0.07	1.42			0.08
	0.18	0.01	0.81		0.01	
	0.[illegible]		1.24			
	0.5[illegible]	0.03	1.03			
			2.11			
	[illegible]4	0.03	0.17			
	[illegible]4		0.11			
	[illegible]73		0.30			

2-B-31 各地区按登记注册

地 区	代码	总计	内资企业			
				国有企业	集体企业	股份合作企业
广西壮族自治区	**45**	**74.86**	**66.15**	**0.80**	**0.18**	**0.17**
南宁市	4501	36.51	28.58		0.06	0.01
柳州市	4502	7.41	7.19	0.05	0.10	0.15
桂林市	4503	8.79	8.33	0.01	0.01	0.01
梧州市	4504	1.67	1.67	0.01		
北海市	4505	2.62	2.62	0.20		
防城港市	4506	0.80	0.80		0.01	
钦州市	4507	2.17	2.07			
贵港市	4508	1.93	1.93	0.01		
玉林市	4509	4.10	4.10	0.14		
百色市	4510	4.50	4.50	0.15		
贺州市	4511	1.46	1.46	0.01		
河池市	4512	0.86	0.86	0.17		
来宾市	4513	0.56	0.56			
崇左市	4514	1.48	1.48	0.04		

类型分餐饮业法人企业营业收入

计量单位：亿元

联营企业	有限责任公司	股份有限公司	私营企业	其他企业	港、澳、台商投资企业	外商投资企业
	19.39	**1.51**	**44.07**	**0.03**	**1.27**	**7.43**
	13.94	0.56	14.00		0.62	7.32
	0.48	0.05	6.37		0.21	
	1.42	0.08	6.80	0.01	0.44	0.02
	0.42		1.24			
	0.15	0.40	1.86			
	0.05	0.05	0.69			
	0.39	0.13	1.55			0.10
	0.21	0.04	1.67			
	0.40	0.01	3.55			
	0.33	0.11	3.24			
	0.05	0.02	1.33			
	0.04	0.03	0.62			
	0.36		0.21			
	0.45	0.04	0.93	0.01		

第三篇

房地产开发经营业生产经营及财务状况

3-1 各地区按登记注册

地区	代码	总计	内资企业				
				国有企业	集体企业	股份合作企业	国有联营企业
广西壮族自治区	**45**	**7379**	**7230**	**69**	**18**	**6**	**1**
南宁市	4501	1964	1902	14	1		
柳州市	4502	672	653	9	1		
桂林市	4503	699	680	13	3	3	
梧州市	4504	329	321	2	1		
北海市	4505	637	623	6	2	2	
防城港市	4506	394	388	2			
钦州市	4507	319	315	5	1		
贵港市	4508	455	452		1		
玉林市	4509	632	625	4	5		
百色市	4510	380	380	3	2		
贺州市	4511	181	181	2			1
河池市	4512	223	222	3			
来宾市	4513	212	212	1	1	1	
崇左市	4514	282	276	5			

类型分房地产开发企业个数

计量单位：个

集体联营企业	国有与集体联营企业	其他联营企业	国有独资公司	其他有限责任公司	股份有限公司	私营独资企业	私营合伙企业	私营有限责任公司
1		**1**	**111**	**1842**	**155**	**6**	**5**	**4870**
			29	538	34		1	1251
			14	180	14			424
			10	233	20	2	1	379
		1	3	105	9			195
1			3	113	7	3		473
			2	86	6			287
			4	70	12			209
			1	80	10			355
			10	113	13	1		471
			12	87	9		3	253
			10	49	1			110
				64	3			148
			10	54	6			133
			3	70	11			182

3-1 续表

地　　区	代码	私营股份有限公司	其他企业	港、澳、台商投资企业	合资经营企业（港或澳、台资）	合作经营企业（港或澳、台资）	港、澳、台商独资经营企业
广西壮族自治区	**45**	**145**		**75**	**40**	**2**	**32**
南宁市	4501	34		25	15		10
柳州市	4502	11		6	1		5
桂林市	4503	16		13	9	1	3
梧州市	4504	5		6	2		4
北海市	4505	13		7	4		2
防城港市	4506	5		1	1		
钦州市	4507	14		4	1	1	2
贵港市	4508	5		2			2
玉林市	4509	8		6	4		2
百色市	4510	11					
贺州市	4511	8					
河池市	4512	4		1			1
来宾市	4513	6					
崇左市	4514	5		4	3		1

计量单位：个

港、澳、台商投资股份有限公司	其他港、澳、台商投资企业	外商投资企业	中外合资经营企业	中外合作经营企业	独资企业	外商投资股份有限公司	其他外商投资企业
	1	**74**	**25**	**1**	**42**	**5**	**1**
		37	12		22	3	
		13	9		3		1
		6	1		5		
		2	2				
	1	7	1		6		
		5		1	3	1	
		1			1		
		1				1	
		2			2		

3-2 各地区按登记注册类型分

地　　区	代码	总计	内资企业				
				国有企业	集体企业	股份合作企业	国有联营企业
广西壮族自治区	**45**	**114292**	**109496**	**1531**	**130**	**36**	**14**
南宁市	4501	28123	26295	308	2		
柳州市	4502	10543	10076	145	12		
桂林市	4503	12421	11429	483	47	23	
梧州市	4504	5897	5780	46	8		
北海市	4505	8142	7840	83	7	11	
防城港市	4506	5307	5124	14			
钦州市	4507	5754	5620	227			
贵港市	4508	7619	7215		5		
玉林市	4509	11343	11057	109	36		
百色市	4510	5956	5956	20	10		
贺州市	4511	3291	3291	24			14
河池市	4512	2842	2805	23			
来宾市	4513	3182	3182	9	3	2	
崇左市	4514	3872	3826	40			

房地产开发企业年末从业人数

计量单位：人

集体联营企业	国有与集体联营企业	其他联营企业	国有独资公司	其他有限责任公司	股份有限公司	私营独资企业	私营合伙企业	私营有限责任公司
3		[illegible]	**3004**	**41517**	**2161**	**11**	**4**	**59177**
			943	12287	356			12073
			571	4428	203			4560
			186	5175	196	1	1	5147
		9	49	2322	293			2920
3			58	2597	106	10		4885
			28	1579	30			3366
			64	2059	233			2920
			72	1886	364			4778
			311	3203	82			7149
			253	1875	89		3	3488
			215	1173	22			1737
				927	50			1749
			227	812	34			2038
			27	1194	103			2367

3-2 续表

地　区	代码	私营股份有限公司	其他企业	港、澳、台商投资企业	合资经营企业（港或澳、台资）	合作经营企业（港或澳、台资）	港、澳、台商独资经营企业
广西壮族自治区	**45**	**1899**		**2934**	**1367**	**19**	**1468**
南宁市	4501	326		1190	324		866
柳州市	4502	157		161	3		158
桂林市	4503	170		712	527	12	173
梧州市	4504	133		114	53		61
北海市	4505	80		207	118		9
防城港市	4506	107		121	121		
钦州市	4507	117		134	105	7	22
贵港市	4508	110		104			104
玉林市	4509	167		126	96		30
百色市	4510	218					
贺州市	4511	106					
河池市	4512	56		37			37
来宾市	4513	57					
崇左市	4514	95		28	20		8

计量单位：人

港、澳、台商投资股份有限公司	其他港、澳、台商投资企业	外商投资企业	中外合资经营企业	中外合作经营企业	独资企业	外商投资股份有限公司	其他外商投资企业
	80	**1862**	**706**		**934**	**172**	**50**
		638	320		306	12	
		306	240		16		50
		280	136		144		
		3	3				
	80	95	7		88		
		62			62		
		300			300		
		160				160	
		18			18		

3-3 各地区按登记注册

地　区	代码	总计	内资企业	国有企业	集体企业	股份合作企业	国有联营企业
广西壮族自治区	**45**	**19045.34**	**17787.52**	**112.71**	**6.25**	**0.93**	**0.11**
南宁市	4501	7446.90	6757.21	62.09	0.18		
柳州市	4502	3543.29	3361.11	32.00	0.10		
桂林市	4503	1666.71	1449.38	7.23	2.65	0.52	
梧州市	4504	623.91	606.82	0.55	0.13		
北海市	4505	1007.07	955.63	0.93	0.56	0.40	
防城港市	4506	545.81	500.50	1.70			
钦州市	4507	553.32	544.23	4.07			
贵港市	4508	587.67	580.31		0.05		
玉林市	4509	1195.11	1162.89	2.21	2.45		
百色市	4510	620.67	620.67	0.91	0.11		
贺州市	4511	342.18	342.18	0.31			0.11
河池市	4512	247.59	243.22	0.10			
来宾市	4513	335.17	335.17	0.04	0.02		
崇左市	4514	329.94	328.20	0.59			

类型分房地产开发企业资产总计

计量单位：亿元

集体联营企业	国有与集体联营企业	其他联营企业	国有独资公司	其他有限责任公司	股份有限公司	私营独资企业	私营合伙企业	私营有限责任公司
0.06		**0.66**	**2229.25**	**8983.52**	**227.15**	**0.94**	**0.60**	**6018.10**
			415.41	4035.88	78.80			2100.71
			1390.30	1395.14	17.06			507.52
			33.11	930.39	13.15			454.39
		0.66	20.67	349.17	8.39			212.15
0.06			6.53	348.70	45.99	0.94		543.80
			0.39	169.02	1.97			321.11
			34.56	241.44	9.85			232.81
			8.53	178.23	33.27			346.26
			80.29	645.84	0.79			424.75
			110.33	237.36	4.03		0.60	260.14
			68.63	147.85	2.28			117.45
				99.10	0.59			132.14
			42.73	72.92	2.86			203.44
			17.78	132.47	8.12			161.39

3-3 续表

地区	代码	私营股份有限公司	其他企业	港、澳、台商投资企业	合资经营企业（港或澳、台资）	合作经营企业（港或澳、台资）	港、澳、台商独资经营企业
广西壮族自治区	**45**	**207.24**		**764.78**	**372.05**	**2.43**	**367.62**
南宁市	4501	64.14		387.75	139.04		248.70
柳州市	4502	19.00		70.85			70.85
桂林市	4503	7.92		160.42	136.40	2.42	21.60
梧州市	4504	15.09		17.09	8.48		8.61
北海市	4505	7.73		44.20	18.51		3.01
防城港市	4506	6.32		44.28	44.28		
钦州市	4507	21.50		9.09	5.85	0.01	3.23
贵港市	4508	13.96		6.43			6.43
玉林市	4509	6.56		19.72	19.34		0.38
百色市	4510	7.18					
贺州市	4511	5.55					
河池市	4512	11.29		4.37			4.37
来宾市	4513	13.16					
崇左市	4514	7.85		0.57	0.14		0.44

计量单位：亿元

港、澳、台商投资股份有限公司	其他港、澳、台商投资企业	外商投资企业	中外合资经营企业	中外合作经营企业	独资企业	外商投资股份有限公司	其他外商投资企业
	22.68	**493.04**	**220.16**		**214.14**	**30.25**	**28.49**
		301.94	127.62		156.57	17.76	
		111.33	76.70		6.14		28.49
		56.91	15.57		41.34		
	22.68	7.24	0.27		6.97		
		1.02			1.02		
		0.93			0.93		
		12.50				12.50	
		1.16			1.16		

3-4 房地产开发企业主要指标情况

行　　业	计量单位	代码	2018年
企业个数	个	01	7379
大型企业	个	02	10
中型企业	个	03	1115
小微型企业	个	04	6254
资产总计	亿元	05	19045.34
大型企业	亿元	06	553.75
中型企业	亿元	07	10673.15
小微型企业	亿元	08	7818.45
房屋建筑面积			
施工面积	万平方米	09	25411.91
#住宅	万平方米	10	18517.48
#办公楼	万平方米	11	764.06
#商业营业用房	万平方米	12	2734.91
新开工面积	万平方米	13	6031.82
#住宅	万平方米	14	4650.89
#办公楼	万平方米	15	95.53
#商业营业用房	万平方米	16	523.08
竣工面积	万平方米	17	2203.72
#住宅	万平方米	18	1663.92
#办公楼	万平方米	19	36.92
#商业营业用房	万平方米	20	272.01
房屋竣工价值	亿元	**21**	**623.58**
商品房销售			
商品房销售面积	万平方米	22	6215.56
#住宅	万平方米	23	5604.76
#办公楼	万平方米	24	115.13
#商业营业用房	万米	25	281.26
商品房销售额	亿元	26	3826.77
#住宅	亿元	27	3338.62
#办公楼	亿元	28	110.93
#商业营业用房	亿元	29	278.97
商品房待售面积	万平方米	30	1408.74
#住宅	万平方米	31	798.41
#办公楼	万平方米	32	23.42
#商业营业用房	万平方米	33	368.76
负债合计	亿元	34	14995.867

3-5 各地区按资质等级分房地产开发企业个数

计量单位：个

地 区	代码	总计	一级	二级	三级	四级	暂定	其他
广西壮族自治区	**45**	**2684**	**25**	**130**	**417**	**263**	**1738**	**111**
南宁市	4501	497	13	36	61	32	342	13
柳州市	4502	246	2	19	36	31	147	11
桂林市	4503	329	2	10	77	45	178	17
梧州市	4504	140		7	17	12	96	8
北海市	4505	194		8	31	19	132	4
防城港市	4506	146	1	3	13	19	105	5
钦州市	4507	168	3	10	24	23	102	6
贵港市	4508	144	2	7	28	8	91	8
玉林市	4509	213		8	33	17	144	11
百色市	4510	151		9	19	6	103	14
贺州市	4511	85			11	16	57	1
河池市	4512	109		3	29	6	71	
来宾市	4513	112	1	3	16	11	72	9
崇左市	4514	150	1	7	22	18	98	4

3-6 各地区按资质等级分房地产开发企业年末从业人数

计量单位：人

地　区	代码	总计	一级	二级	三级	四级	暂定	其他
广西壮族自治区	**45**	**88311**	**2468**	**6322**	**13868**	**5588**	**56662**	**3403**
南宁市	4501	21695	1199	2192	2425	595	14623	661
柳州市	4502	8482	147	867	1134	626	5504	204
桂林市	4503	10209	484	333	2304	877	5620	591
梧州市	4504	4383		287	760	459	2668	209
北海市	4505	5679		448	1001	342	3718	170
防城港市	4506	4237	66	56	435	440	3132	108
钦州市	4507	4668	154	373	781	458	2740	162
贵港市	4508	4619	103	342	1081	162	2703	228
玉林市	4509	8797		536	1414	368	6010	469
百色市	4510	4784		386	627	265	3137	369
贺州市	4511	2747			476	325	1944	2
河池市	4512	2356		75	625	81	1575	
来宾市	4513	2602	293	215	378	190	1377	149
崇左市	4514	3053	22	212	427	400	1911	81

3-7 各地区按资质等级分房地产开发企业资产总计

计量单位：亿元

地 区	代码	总计						
			一级	二级	三级	四级	暂定	其他
广西壮族自治区	**45**	**15953.68**	**809.67**	**2399.90**	**2591.97**	**568.47**	**8873.51**	**710.18**
南宁市	4501	5802.94	358.03	610.59	469.18	86.76	4093.07	185.31
柳州市	4502	3345.74	107.08	933.30	1041.11	45.34	1154.00	64.92
桂林市	4503	1480.74	146.59	113.86	203.60	73.06	684.56	259.06
梧州市	4504	462.69		38.73	93.68	37.85	245.57	46.86
北海市	4505	669.91		121.71	102.26	27.87	389.54	28.54
防城港市	4506	485.52	51.26	7.60	49.29	68.38	302.24	6.75
钦州市	4507	490.45	26.68	117.32	92.73	30.03	210.47	13.22
贵港市	4508	517.46	46.37	68.73	96.64	16.79	260.96	27.98
玉林市	4509	1065.25		241.06	137.89	87.24	567.08	31.99
百色市	4510	534.14		67.29	75.18	21.90	353.08	16.70
贺州市	4511	291.00			43.37	43.33	204.25	0.05
河池市	4512	227.69		11.07	77.82	7.94	130.86	
来宾市	4513	274.49	60.21	43.42	41.18	9.35	110.68	9.64
崇左市	4514	305.65	13.45	25.24	68.03	12.63	167.14	19.17

3-8 各地区按用途分房地产开发企业房屋施工面积

计量单位：平方米

地区	代码	房屋施工面积	住宅	其中：别墅、高档公寓	办公楼	商业营业用房	其他
广西壮族自治区	**45**	**254119139**	**185174768**	**3962404**	**7640644**	**27349132**	**33954595**
南宁市	4501	81555636	53024640	764233	5094183	7138925	16297888
柳州市	4502	27003333	19779917	116351	708327	2790603	3724486
桂林市	4503	24439634	19183746	378372	364171	2627023	2264694
梧州市	4504	10166879	8194721	260531	36238	709712	1226208
北海市	4505	12287895	9285138	146115	175919	1444950	1381888
防城港市	4506	9481861	7046029	78080	538176	1092161	805495
钦州市	4507	13314800	9575797	602808	101435	2272749	1364819
贵港市	4508	12695654	10203063	199092	89867	1098717	1304007
玉林市	4509	20341989	16076204	633949	159095	2190189	1916501
百色市	4510	12585110	9484346	103021	107101	1874867	1118796
贺州市	4511	6822623	5678483	278219	48749	588121	507270
河池市	4512	7978491	5907960	35956	49670	1139528	881333
来宾市	4513	7381646	5449963	52486	71712	1192033	667938
崇左市	4514	8063588	6284761	313191	96001	1189554	493272

3-9　各地区按资质等级分房地产开发企业房屋施工面积

计量单位：平方米

地　区	代码	总计	一级	二级	三级	四级	暂定	其他
广西壮族自治区	**45**	**254119139**	**11666735**	**27738857**	**37425318**	**13676732**	**155683333**	**7928164**
南宁市	4501	8[illegible]555636	6938311	8139480	7424061	2051888	55573243	1428653
柳州市	4502	27003333	918945	4067601	3303099	1249873	16301232	1162583
桂林市	4503	24439634	1001496	2183704	4821712	1994744	13403097	1034881
梧州市	4504	10166879		1124638	1961370	511471	6170707	398693
北海市	4505	2287895		474595	2867116	515774	8033863	396547
防城港市	4506	9481861	315399	257898	807307	1489898	6394454	216905
钦州市	4507	13314800	837838	1236032	2453024	1637157	6707691	443058
贵港市	4508	12695654	677577	2118207	2640811	574864	5639119	1045076
玉林市	4509	20341989		3544078	2785531	358758	13154794	498828
百色市	4510	12585110		1947025	2101211	307093	7779822	449959
贺州市	4511	6822623			1034991	1411167	4376465	
河池市	4512	7978491		60232	2851040	259020	4808199	
来宾市	4513	7381646	977169	1629110	878960	562195	2789486	544726
崇左市	4514	8063588		956257	1495085	752830	4551161	308255

3-10 各地区按用途分房地产开发企业房屋新开工面积

计量单位：平方米

地　　区	代码	房屋新开工面　　积	住宅	其中：别墅、高档公寓	办公楼	商业营业用房	其他
广西壮族自治区	**45**	**60318209**	**46508884**	**817400**	**955317**	**5230823**	**7623185**
南宁市	4501	17145795	12056051	186210	435363	1366985	3287396
柳州市	4502	7267424	5629688	10548	134639	552630	950467
桂林市	4503	6042406	4518756	50511	37073	733333	753244
梧州市	4504	2223286	1739702	41049	670	163882	319032
北海市	4505	3560967	2808189	64254	72058	267559	413161
防城港市	4506	1295155	1030717		66320	149567	48551
钦州市	4507	4095725	3047327	215312	71535	588313	388550
贵港市	4508	3567034	3109184		35515	165043	257292
玉林市	4509	6220761	5167133	123211	5753	478244	569631
百色市	4510	2391214	1996130	11089	8778	195055	191251
贺州市	4511	1941018	1671760		48749	78589	141920
河池市	4512	1256750	988084	15396	2733	196129	69804
来宾市	4513	1535679	1336562	3435	1177	88004	109936
崇左市	4514	1774995	1409601	96385	34954	207490	122950

3-11 各地区按资质等级分房地产开发企业房屋新开工面积

计量单位：平方米

地 区	代码	总计						
			一级	二级	三级	四级	暂定	其他
广西壮族自治区	**45**	**60[illegible]18209**	**1594919**	**3708010**	**5749302**	**1515703**	**46018077**	**1732198**
南宁市	4501	17[illegible]45795	817268	929411	1236373	100527	14042666	19550
柳州市	4502	7267424	327083	565444	490165	289135	5128294	467303
桂林市	4503	[illegible]042406		380279	578072	156706	4900605	26744
梧州市	4504	2223286		187983	95909	67907	1871487	
北海市	4505	3560967		99865	571752	81652	2768012	39686
防城港市	4506	1295155			33044	31955	1230156	
钦州市	4507	4095725	230934	109153	236031	302604	2984543	232460
贵港市	4508	3567034		514416	64351	173365	2401633	413269
玉林市	4509	6220761		487510	959602	92585	4315459	365605
百色市	4510	2391214		256366	451855		1647866	35127
贺州市	4511	1941018			152443	91608	1696967	
河池市	4512	1256750			451858		804892	
来宾市	4513	1535679	219634	15678	193576	119259	909132	78400
崇左市	4514	1774995		161905	234271	8400	1316365	54054

3-12 各地区按用途分房地产开发企业房屋竣工面积

计量单位：平方米

地　区	代码	房屋竣工面　积	住宅	#别墅、高档公　寓	办公楼	商业营业用房	其他
广西壮族自治区	**45**	**22037249**	**16639249**	**154170**	**369189**	**2720148**	**2308663**
南宁市	4501	7954208	5904850	16127	251698	745293	1052367
柳州市	4502	1719204	1422951		5008	88670	202575
桂林市	4503	950820	636016	44822	147	213320	101337
梧州市	4504	198619	156410			12121	30088
北海市	4505	518084	302671	1320		151610	63803
防城港市	4506	613085	541209	2100	20720	32852	18304
钦州市	4507	1232922	948875	39679	200	233123	50724
贵港市	4508	1110096	823595		2844	117454	166203
玉林市	4509	1986079	1568015		17249	258715	142100
百色市	4510	1093412	717442	3000	733	230706	144531
贺州市	4511	265409	221765			20662	22982
河池市	4512	1224275	1009764		25914	91990	96607
来宾市	4513	2440713	1823215		34513	380886	202099
崇左市	4514	730323	562471	47122	10163	142746	14943

3-13　各地区按资质等级分房地产开发企业房屋竣工面积

计量单位：平方米

地　区	代码	总计						
			一级	二级	三级	四级	暂定	其他
广西壮族自治区	**45**	**22037249**	**340868**	**3195862**	**5375994**	**1385812**	**10774242**	**964471**
南宁市	4501	7954208	152425	414606	1627033	368813	5113807	277524
柳州市	4502	1719204		251570	353808	20544	849980	243302
桂林市	4503	950820			408295	158952	362419	21154
梧州市	4504	198619			35370	77296	85953	
北海市	4505	518084			165927		215649	136508
防城港市	4506	613085	15936		269825		327324	
钦州市	4507	1232922	172507	216549	172869	168263	407397	95337
贵港市	4508	1110096		180622	415921	40252	471106	2195
玉林市	4509	1986079		346288	559067	55412	856481	168831
百色市	4510	1093412		344163	198988		550261	
贺州市	4511	265409			38282	135280	91847	
河池市	4512	1224275			405548	130212	688515	
来宾市	4513	2440713		1272966	538582	131071	478474	19620
崇左市	4514	730323		169098	186479	99717	275029	

3-14 各地区按用途分房地产开发企业房屋竣工价值

计量单位：万元

地区	代码	房屋竣工价值	住宅	#别墅、高档公寓	办公楼	商业营业用房	其他
广西壮族自治区	**45**	**6235813**	**4704752**	**75179**	**135684**	**827392**	**567985**
南宁市	4501	2654267	2018560	12321	102918	295107	237682
柳州市	4502	610474	517306		1852	43806	47510
桂林市	4503	301832	187063	15163	550	79789	34430
梧州市	4504	44466	35742			2590	6134
北海市	4505	109829	69952	395		29493	10384
防城港市	4506	138492	99547	840	5208	28932	4805
钦州市	4507	310194	241224	19982	38	54598	14334
贵港市	4508	274692	197926		284	33764	42718
玉林市	4509	442411	362593		6544	34037	39237
百色市	4510	288966	166280	650	88	73663	48935
贺州市	4511	70871	55647			5945	9279
河池市	4512	276837	217206		6893	24614	28124
来宾市	4513	542258	396410		8701	95087	42060
崇左市	4514	170224	139296	25828	2608	25967	2353

3-15　各地区按资质等级分房地产开发企业房屋竣工价值

计量单位：万元

地　　区	代码	总计	一级	二级	三级	四级	暂定	其他
广西壮族自治区	**45**	**6235813**	**155369**	**726901**	**1451545**	**345601**	**3339908**	**216489**
南宁市	4501	2654267	108259	60315	394825	116875	1908881	65112
柳州市	4502	610474		81126	127526	5341	320638	75843
桂林市	4503	301832			129548	57215	109976	5093
梧州市	4504	44466			12909	11880	19677	
北海市	4505	109829			43749		45603	20477
防城港市	4506	138492	3984		40930		93578	
钦州市	4507	310194	43126	62163	48674	25744	110457	20030
贵港市	4508	274692		40610	116826	11880	104896	480
玉林市	4509	442411		92716	165189	9507	151375	23624
百色市	4510	288966		85820	62231		140915	
贺州市	4511	70871			9188	38371	23312	
河池市	4512	276837			110433	16190	150214	
来宾市	4513	542258		286030	139044	27555	83799	5830
崇左市	4514	170224		18121	50473	25043	76587	

3-16 各地区房地产开发企业建造的房屋面积和造价

地区	代码	房屋施工面积（平方米）	房屋竣工面积（平方米）	房屋竣工价值（万元）	房屋竣工造价（元/平方米）
广西壮族自治区	**45**	**254119139**	**22037249**	**6235813**	**2830**
南宁市	4501	81555636	7954208	2654267	3337
柳州市	4502	27003333	1719204	610474	3551
桂林市	4503	24439634	950820	301832	3174
梧州市	4504	10166879	198619	44466	2239
北海市	4505	12287895	518084	109829	2120
防城港市	4506	9481861	613085	138492	2259
钦州市	4507	13314800	1232922	310194	2516
贵港市	4508	12695654	1110096	274692	2474
玉林市	4509	20341989	1986079	442411	2228
百色市	4510	12585110	1093412	288966	2643
贺州市	4511	6822623	265409	70871	2670
河池市	4512	7978491	1224275	276837	2261
来宾市	4513	7381646	2440713	542258	2222
崇左市	4514	8063588	730323	170224	2331

3-17　各地区按用途分房地产开发企业商品房销售面积

计量单位：平方米

地　区	代码	商品房销售面积	住宅	#别墅、高档公　寓	办公楼	商业营业用房	其他
广西壮族自治区	**45**	**62155638**	**56047607**	**1037968**	**1151267**	**2812612**	**2144152**
南宁市	4501	17419929	14474539	169573	607687	849437	1488266
柳州市	4502	6372826	5751866	30266	76032	313937	230991
桂林市	4503	5990313	5506967	232086	151475	247919	83952
梧州市	4504	2465246	2320517	65628	4607	116193	23929
北海市	4505	4096286	3975315	49963	1436	89970	29565
防城港市	4506	3845781	3431707	14017	221407	168036	24631
钦州市	4507	3057359	2858012	169639	1943	129241	68163
贵港市	4508	3253148	3087870	39884	9570	93104	62604
玉林市	4509	6087859	5782941	68578	53363	204235	47320
百色市	4510	3132732	2912229	15639	3204	182207	35092
贺州市	4511	1548880	1444841	32682		93846	10193
河池市	4512	1417333	1271095		2430	120246	23562
来宾市	4513	1816687	1663057	33988	14405	132261	6964
崇左市	4514	1651259	1566651	116025	3708	71980	8920

3-18 各地区按资质等级分房地产开发企业商品房销售面积

计量单位：平方米

地区	代码	总计	一级	二级	三级	四级	暂定	其他
广西壮族自治区	**45**	**62155638**	**2155332**	**5516827**	**7511933**	**2680051**	**42215326**	**2076169**
南宁市	4501	17419929	740991	1426597	1664224	397613	12872668	317836
柳州市	4502	6372826	39322	692944	581250	276960	4417657	364693
桂林市	4503	5990313	177400	566506	805747	405484	3719722	315454
梧州市	4504	2465246		218545	329397	124541	1673372	119391
北海市	4505	4096286		354037	830654	250943	2516777	143875
防城港市	4506	3845781	527304	104520	94630	341743	2757146	20438
钦州市	4507	3057359	174242	340084	497131	252538	1620655	172709
贵港市	4508	3253148	105477	450209	465427	113279	1874703	244053
玉林市	4509	6087859		650171	781422	108713	4344303	203250
百色市	4510	3132732		395053	431977	78035	2134715	92952
贺州市	4511	1548880			171352	112734	1264794	
河池市	4512	1417333		33527	410825	23500	949481	
来宾市	4513	1816687	390596	113098	215786	143206	876346	77655
崇左市	4514	1651259		171536	232111	50762	1192987	3863

3-19　各地区按用途分房地产开发企业商品房期房销售面积

计量单位：平方米

地　区	代码	商品房期房销售面积	住宅	#别墅、高档公寓	办公楼	商业营业用房	其他
广西壮族自治区	**45**	**55392479**	**50478584**	**894817**	**981877**	**2186978**	**1745040**
南宁市	4501	16152435	13691792	142100	496602	722120	1241921
柳州市	4502	5750048	5210165	30266	56706	273892	209285
桂林市	4503	5273446	4886536	212541	147364	198458	41088
梧州市	4504	1749607	1665104	29127	4607	70702	9194
北海市	4505	3396749	3296717	27836	1436	74576	24020
防城港市	4506	3309992	3013445	11168	197518	75593	23436
钦州市	4507	2652403	2515066	146900		84502	52835
贵港市	4508	3123423	2984705	36203	9570	74965	54183
玉林市	4509	5655196	5415861	68578	48163	153625	37547
百色市	4510	2681780	2514234	7403	2344	148017	17185
贺州市	4511	1446825	1369922	32682		71644	5259
河池市	4512	1097058	1006097		2430	68356	20175
来宾市	4513	1612090	1489484	33988	14405	107496	705
崇左市	4514	1491427	1419456	116025	732	63032	8207

3-20 各地区按用途分房地产开发企业房屋出租面积

计量单位：平方米

地 区	代码	房屋出租面 积	住宅	#别墅、高档公 寓	办公楼	商业营业用房	其他
广西壮族自治区	**45**	**284782**	**21629**	**2236**	**6528**	**249821**	**6804**
南宁市	4501	18220				16282	1938
柳州市	4502	5292				5292	
桂林市	4503	9713	2236	2236		7477	
梧州市	4504						
北海市	4505	26000				26000	
防城港市	4506	5145	145			5000	
钦州市	4507	51446	8178			39926	3342
贵港市	4508	69834				69834	
玉林市	4509	50000				50000	
百色市	4510	42206	11070		6528	23084	1524
贺州市	4511						
河池市	4512						
来宾市	4513	4861				4861	
崇左市	4514	2065				2065	

3-21 各地区按用途分房地产开发企业商品房销售额

计量单位：万元

地区	代码	商品房销售额	住宅	#别墅、高档公寓	办公楼	商业营业用房	其他
广西壮族自治区	**45**	**38267737**	**33386184**	**833379**	**1109349**	**2789676**	**982528**
南宁市	4501	13563986	11131349	261610	698780	1114963	618894
柳州市	4502	4952731	4394134	30186	82005	319252	157340
桂林市	4503	3697167	3202423	178506	134548	305664	54532
梧州市	4504	1185922	1111091	38028	2043	64040	8748
北海市	4505	2750899	2643073	35061	1044	90454	16328
防城港市	4506	2094982	1807893	8976	131946	140365	14778
钦州市	4507	1377616	1225877	95589	1056	129008	21675
贵港市	4508	1900055	1780150	28315	7918	75122	36865
玉林市	4509	2822563	2606173	57132	42867	157193	16330
百色市	4510	1201635	1090248	7232	406	100842	10139
贺州市	4511	712662	620681	15674		84208	7773
河池市	4512	631783	538507		911	76965	15400
来宾市	4513	706641	622292	18379	4663	78242	1444
崇左市	4514	669095	612293	58691	1162	53358	2282

3-22 各地区按资质等级分房地产开发企业商品房销售额

计量单位：万元

地　　区	代码	总计						
			一级	二级	三级	四级	暂定	其他
广西壮族自治区	**45**	**38267737**	**1371033**	**3693587**	**4058788**	**1186901**	**26821874**	**1135554**
南宁市	4501	13563986	617673	1137793	1047864	208539	10333554	218563
柳州市	4502	4952731	34945	659596	399747	111807	3549609	197027
桂林市	4503	3697167	113612	310150	494778	174694	2398038	205895
梧州市	4504	1185922		98999	148431	49453	828432	60607
北海市	4505	2750899		318380	551794	152631	1623420	104674
防城港市	4506	2094982	302392	49138	48229	161288	1525778	8157
钦州市	4507	1377616	81779	128637	204389	94307	777831	90673
贵港市	4508	1900055	82171	316180	233859	54731	1095005	118109
玉林市	4509	2822563		356859	344917	38305	2010247	72235
百色市	4510	1201635		186235	161935	26967	794131	32367
贺州市	4511	712662			72563	47073	593026	
河池市	4512	631783		13815	162400	8843	446725	
来宾市	4513	706641	138461	39968	87393	38767	375798	26254
崇左市	4514	669095		77837	100489	19496	470280	993

3-23　各地区房地产开发企业商品房待售情况

计量单位：平方米

地　区	代码	商品房待售面积	#待售1~3年面积	#待售3年以上面积
广西壮族自治区	45	**14087361**	**7114709**	**1940567**
南宁市	4501	2688659	1353111	508856
柳州市	4502	779706	259843	154849
桂林市	4503	1087604	596833	183581
梧州市	4504	1013930	429196	40658
北海市	4505	1696091	1133190	252401
防城港市	4506	430904	212329	46085
钦州市	4507	1194523	625963	143734
贵港市	4508	522274	348490	57330
玉林市	4509	1280291	794336	172126
百色市	4510	753644	383357	112135
贺州市	4511	479557	247192	53861
河池市	4512	842188	233076	13584
来宾市	4513	975960	345791	77119
崇左市	4514	342030	152002	124248

3-24 各地区按用途分房地产开发企业商品房待售面积

计量单位：平方米

地 区	代码	商品房待售面积	住宅	#别墅、高档公寓	办公楼	商业营业用房	其他
广西壮族自治区	**45**	**14087361**	**7984065**	**421300**	**234231**	**3687603**	**2181462**
南宁市	4501	2688659	1209038	26139	141958	650875	686788
柳州市	4502	779706	308610	16958	14694	202592	253810
桂林市	4503	1087604	714024	83266	3676	285586	84318
梧州市	4504	1013930	682420			249301	82209
北海市	4505	1696091	1211803	26329	72	288438	195778
防城港市	4506	430904	275900	1703	27057	99524	28423
钦州市	4507	1194523	622723	118050	24708	411338	135754
贵港市	4508	522274	299065	13624	3291	136577	83341
玉林市	4509	1280291	919618	100948		264085	96588
百色市	4510	753644	403265	10439	790	211745	137844
贺州市	4511	479557	361958	15823		106154	11445
河池市	4512	842188	364554		3847	249381	224406
来宾市	4513	975960	493716		11268	325621	145355
崇左市	4514	342030	117371	8021	2870	206386	15403

3-25　各地区房地产开发企业土地开发及其购置情况

地　区	代码	待开发土地面积（平方米）	本年土地购置面积（平方米）	本年土地成交价款（万元）
广西壮族自治区	45	**12776073**	**6101927**	**2027254**
南宁市	4501	2132579	1261316	839724
柳州市	4502	897238	928984	435688
桂林市	4503	2246935	722358	162066
梧州市	4504	1346821	194142	45474
北海市	4505	255434	100512	63897
防城港市	4506	1688304	287705	45068
钦州市	4507	1011741	775787	130345
贵港市	4508	194760	324303	57506
玉林市	4509	699744	374310	72634
百色市	4510	634660	346234	48773
贺州市	4511	203402	409111	67252
河池市	4512	458894	22989	2430
来宾市	4513	585669	63472	10645
崇左市	4514	419892	290704	45752

3-26 各地区房地产开

地　区	代码	主营业务收入总计	土地转让收入
广西壮族自治区	**45**	**20925721**	**110334**
南宁市	4501	8294026	13192
柳州市	4502	3484982	5346
桂林市	4503	2011183	21895
梧州市	4504	513490	
北海市	4505	1220935	22405
防城港市	4506	344250	4380
钦州市	4507	1019593	147
贵港市	4508	872265	3183
玉林市	4509	1509478	26163
百色市	4510	507996	1100
贺州市	4511	308262	
河池市	4512	167901	50
来宾市	4513	294995	12163
崇左市	4514	376365	310

发企业主营业务收入及其构成

计量单位：万元

商品房销售收入	房屋出租收入	其他收入
20123849	**180882**	**510655**
80[illegible]84[illegible]8	82436	159970
32889[illegible]2	25212	165442
13760[illegible]4	43379	69875
5118[illegible]7	1011	662
1[illegible]91[illegible]62	3571	3197
[illegible]27[illegible]92	5308	7270
[illegible]96[illegible]98	2966	20082
[illegible]54[illegible]60	1427	13495
147[illegible]773	5298	5244
45[illegible]825	2569	53502
30[illegible]827	808	3627
1[illegible]5320	166	1365
2[illegible]7874	2990	1968
3[illegible]7358	3741	4956

3-27 各地区按登记注册类型

地　区	代码	总计	内资企业					
				国有企业	集体企业	股份合作企业	国有联营企业	集体联营企业
广西壮族自治区	**45**	**20925721**	**18968977**	**85617**	**1575**	**1051**		
南宁市	4501	8294026	7281980	23896				
柳州市	4502	3484982	3199214	34178				
桂林市	4503	2011183	1738290	25960	285	1051		
梧州市	4504	513490	502922					
北海市	4505	1220935	1140122		970			
防城港市	4506	344250	272113					
钦州市	4507	1019593	1003757	445				
贵港市	4508	872265	835696					
玉林市	4509	1509478	1351564	408	320			
百色市	4510	507996	507996	42				
贺州市	4511	308262	308262	688				
河池市	4512	167901	167758					
来宾市	4513	294995	294995					
崇左市	4514	376365	364308					

分房地产开发企业主营业务收入

计量单位：万元

国有与集体联营企业	其他联营企业	国有独资公司	其他有限责任公司	股份有限公司	私营独资企业	私营合伙企业	私营有限责任公司
		935688	**10373618**	**479643**			**6657597**
		411528	4616704	219210			1662170
		294956	1922971	63579			883530
		10033	973918	316			717353
		1844	253587	1807			241283
		3302	551232	11056			566401
		15071	108991				136808
		14192	421948	18459			534115
			323446	116412			393448
		102523	585167	15585			632517
		2277	185061	7479			307610
		46	177161	2620			123949
			84775				81606
		75315	50290	3493			158455
		4603	118366	19626			218353

3-27 续表

地　　区	代码	私营股份有限公司	其他内资企　　业	港、澳、台商投资企业	合资经营企业（港或澳、台资）	合作经营企业（港或澳、台资）	港、澳、台商独资经营企业
广西壮族自治区	**45**	**434188**		**1102752**	**347825**	**1365**	**673892**
南宁市	4501	348472		523335	28650		494685
柳州市	4502			121669			121669
桂林市	4503	9373		205307	203983	1365	-40
梧州市	4504	4400		10568	3931		6637
北海市	4505	7161		79748	78		
防城港市	4506	11243		72137	72137		
钦州市	4507	14598		15835	1615		14220
贵港市	4508	2390		36569			36569
玉林市	4509	15044		37027	37027		
百色市	4510	5527					
贺州市	4511	3799					
河池市	4512	1377		142			142
来宾市	4513	7443					
崇左市	4514	3359		414	404		10

计量单位：万元

港、澳、台商投资股份有限公司	其他港、澳、台商投资企业	外商投资企业	中外合资经营企业	中外合作经营企业	独资企业	外商投资股份有限公司	其他外商投资企业
	79670	**853992**	**196558**		**393257**	**120921**	**143255**
		488712	176147		312529	35	
		164099	19360		1483		143255
		67586	21		67565		
	79670	1066	1029		37		
		120887				120887	
		11643			11643		

3-28 各地区按登记注册

地　区	代码	总计	内资企业				
				国有企业	集体企业	股份合作企　业	国有联营企　业
广西壮族自治区	**45**	**149958674**	**140391028**	**745300**	**46330**	**6477**	**1205**
南宁市	4501	61987229	56875880	369237	332		
柳州市	4502	24325133	22925022	203287	470		
桂林市	4503	13094019	11324925	66268	22940	2982	
梧州市	4504	4912398	4774877	8492	1041		
北海市	4505	7548323	7127274	8269	4170	3495	
防城港市	4506	4670968	4316553	13840			
钦州市	4507	4415519	4351770	39325			
贵港市	4508	4901470	4834843		243		
玉林市	4509	8773023	8553619	19294	16813		
百色市	4510	4957842	4957842	8171	226		
贺州市	4511	2849212	2849212	3053			1205
河池市	4512	2236017	2218208	1102			
来宾市	4513	2834654	2834654	647	94		
崇左市	4514	2452869	2446350	4316			

类型分房地产开发企业负债合计

计量单位：万元

集体联营企　业	国有与集体联营企业	其他联营企　业	国有独资公　司	其他有限责任公司	股份有限公　司	私营独资企　业	私营合伙企　业	私营有限责任公司
676		**6945**	**14232955**	**71033563**	**1493149**	**9232**	**5220**	**51036960**
			3351527	32732049	476422			19413836
			7672529	10733798	117746			4044242
			252846	7100736	132069	2		3683154
		6945	139319	2668840	74688			1747475
676			38541	2950773	152885	9230		3899567
			2498	1423082	19042			2810298
			288846	1906099	83873			1832981
			82235	1482806	297063			2839083
			585322	4556080	3762			3310903
			773804	1950123	29704		5220	2136028
			619776	1134595	22243			1013697
				929511	6975			1177220
			312816	646501	26442			1733660
			112896	818570	50237			1394816

3-28 续表

地　区	代码	私营股份有限公司	其他内资企业	港、澳、台商投资企业	合资经营企业（港或澳、台资）	合作经营企业（港或澳、台资）	港、澳、台商独资经营企业
广西壮族自治区	**45**	**1338902**		**4744315**	**2369239**	**20748**	**2187460**
南宁市	4501	532477		2647945	937954.50		1709990
柳州市	4502	152950		482894			482894
桂林市	4503	63928		1303376	1090487.10	20748	192141
梧州市	4504	128077		137521	56709.10		80812
北海市	4505	59668		346063	148795.90		30399
防城港市	4506	47793		347514	347514.00		
钦州市	4507	200647		63749	47942.70		15806
贵港市	4508	133412		61967			61967
玉林市	4509	61444		134073	133965.60		108
百色市	4510	54567					
贺州市	4511	54643					
河池市	4512	103399		17809			17809
来宾市	4513	114494					
崇左市	4514	65516		2483	554.30		1929

计量单位：万元

港、澳、台商投资股份有限公司	其他港、澳、台商投资企业	外商投资企业	中外合资经营企业	中外合作经营企业	独资企业	外商投资股份有限公司	其他外商投资企业
	166868	**2926671**	**1122768**		**1469751**	**85898**	**248254**
		2463404	1070435		1336322	56647	
		917216	611798		57164		248254
		465718	156789		308928		
	166868	74986	1814		73172		
		6902			6902		
		4660			4660		
		85330				85330	
		4036			4036		

第四篇

服务业企业财务状况

4-1　服务业法人单位基本情况

行　　业	单位数（个）	从业人员（万人）
总　计	**255321**	**342.17**
交通运输、仓储和邮政业	13247	32.10
企业	12821	31.18
行政事业及非企业法人	426	0.93
信息传输、软件和信息技术服务业	18656	12.86
企业	18186	12.36
行政事业及非企业法人	470	0.50
房地产业	14112	18.79
企业	14034	18.64
行政事业及非企业法人	78	0.15
租赁和商务服务业	68914	49.48
企业	67500	48.10
行政事业及非企业法人	1414	1.38
科学研究和技术服务业	28664	19.70
企业	23173	15.45
行政事业及非企业法人	5491	4.25
水利、环境和公共设施管理业	4520	8.50
企业	2469	3.27
行政事业及非企业法人	2051	5.23
居民服务、修理和其他服务业	11190	7.46
企业	11018	7.28
行政事业及非企业法人	172	0.18
教育	26774	77.06
企业	8358	9.05
行政事业及非企业法人	18416	68.01
卫生和社会工作	5814	36.50
企业	1627	3.27
行政事业及非企业法人	4187	33.23
文化、体育和娱乐业	11594	7.90
企业	9914	5.92
行政事业及非企业法人	1680	1.98
公共管理、社会保障和社会组织	51836	71.83
企业	8	
行政事业及非企业法人	51828	71.82

注：不含金融业、房地产开发经营业；含保密单位。

4-2 交通运输、仓储和邮政业企业法人单位主要指标

行业	代码	单位数（个）	资产总计（亿元）	负债合计（亿元）	营业收入（亿元）	从业人员（万人）
总计		**12821**	**9095.94**	**5534.87**	**1230.16**	**31.18**
铁路运输业	53	6	1566.18	759.60	241.22	6.69
道路运输业	54	8474	6070.42	4062.03	553.50	14.47
城市公共交通运输	541	312	654.11	381.79	27.48	2.86
公路旅客运输	542	288	255.90	165.51	56.67	2.14
道路货物运输	543	7354	355.95	193.25	339.47	7.54
道路运输辅助活动	544	520	4804.46	3321.48	129.88	1.93
水上运输业	55	532	179.81	64.20	65.14	1.24
水上旅客运输	551	46	59.60	12.34	6.86	0.35
水上货物运输	552	384	56.81	28.05	48.16	0.73
水上运输辅助活动	553	102	63.40	23.80	10.11	0.16
航空运输业	56	54	277.51	87.40	52.17	0.91
航空客货运输	561	19	271.84	83.45	51.23	0.86
通用航空服务	562	23	1.45	0.60	0.27	0.02
航空运输辅助活动	563	12	4.21	3.35	0.67	0.03
多式联运和运输代理业	58	1460	157.95	96.19	83.11	1.09
多式联运	581	7	0.03	0.01	0.04	
运输代理业	582	1453	157.92	96.18	83.06	1.09
装卸搬运和仓储业	59	1592	742.69	396.58	152.89	3.09
装卸搬运	591	785	437.17	205.09	72.88	2.17
通用仓储	592	210	65.58	33.92	27.23	0.24
低温仓储	593	39	14.03	10.91	0.76	0.03
危险品仓储	594	13	43.28	23.91	3.32	0.04
谷物、棉花等农产品仓储	595	297	135.93	95.79	41.15	0.35
其他仓储业	599	247	46.70	26.97	7.54	0.26
邮政业	60	702	52.20	24.12	80.81	3.68
邮政基本服务	601	47	34.67	13.30	45.90	1.44
快递服务	602	640	14.03	8.47	28.00	1.95
其他寄递服务	609	15	3.50	2.35	6.91	0.29

注：根据数据保密相关规定，单位数量小于3个，未列出数据，导致总计与分项之和不等，第四篇、第五篇表同。

4-3　交通运输、仓储和邮政业企业法人单位分地区主要指标

地　　区	代码	单位数（个）	资产总计（亿元）	负债合计（亿元）	营业收入（亿元）	从业人员（万人）
广西壮族自治区	**45**	**12821**	**9095.94**	**5534.87**	**1230.16**	**31.18**
南宁市	4501	3427	6856.14	4276.71	576.52	14.00
柳州市	4502	1563	198.55	123.02	120.93	3.08
桂林市	4503	855	437.22	256.32	58.16	1.95
梧州市	4504	447	148.76	111.14	25.78	0.99
北海市	4505	663	315.89	162.10	45.53	1.11
防城港市	4506	852	389.54	165.81	99.43	1.66
钦州市	4507	949	251.22	122.53	95.60	1.67
贵港市	4508	758	198.42	127.27	56.59	1.35
玉林市	4509	906	66.33	33.15	42.71	1.57
百色市	4510	709	88.81	70.26	41.31	1.22
贺州市	4511	256	52.81	32.45	15.11	0.38
河池市	4512	395	42.71	29.36	20.55	0.93
来宾市	4513	311	26.68	11.57	13.47	0.54
崇左市	4514	730	22.85	13.19	18.45	0.74

4-4 交通运输、仓储和邮政业企业法人单位分登记注册类型主要经济指标

登记注册类型	代码	单位数（个）	资产总计（亿元）	负债合计（亿元）	营业收入（亿元）	从业人员（万人）
总　计		**12815**	**7529.75**	**4775.28**	**988.94**	**24.48**
内资企业	**100**	**12746**	**7362.24**	**4679.20**	**957.45**	**23.97**
国有企业	110	306	138.82	88.92	78.26	1.92
集体企业	120	122	8.23	5.13	5.72	0.25
股份合作企业	130	8	0.36	0.37	0.54	0.03
联营企业	140	7	0.92	0.84	0.62	0.01
有限责任公司	150	2022	6413.96	4179.49	467.03	8.70
股份有限公司	160	255	264.21	111.33	53.81	2.24
私营企业	170	10002	535.51	293.11	351.32	10.82
其他企业	190	24	0.23	0.02	0.16	0.01
港、澳、台商投资企业	**200**	**36**	**70.70**	**45.09**	**17.53**	**0.41**
外商投资企业	**300**	**33**	**96.81**	**50.99**	**13.95**	**0.10**

注：不含铁路运输业。

4-5 信息传输、软件和信息技术服务业企业法人单位主要指标

行　　业	代码	单位数（个）	资产总计（亿元）	负债合计（亿元）	营业收入（亿元）	从业人员（万人）
总　计		**18186**	**1203.77**	**546.45**	**640.98**	**12.36**
电信、广播电视和卫星传输服务	63	567	815.90	355.41	424.76	4.52
电信	631	527	730.64	307.17	399.97	3.97
广播电视传输服务	632	27	85.11	48.14	24.72	0.54
卫星传输服务	633	13	0.15	0.10	0.07	0.01
互联网和相关服务	64	2395	43.62	23.33	27.96	1.06
互联网接入及相关服务	641	348	5.81	4.71	3.59	0.14
互联网信息服务	642	1181	28.60	12.97	18.96	0.51
互联网平台	643	115	1.52	0.86	1.30	0.07
互联网安全服务	644	23	0.17	0.09	0.12	0.01
互联网数据服务	645	42	0.85	0.21	0.43	0.02
其他互联网服务	649	686	6.67	4.49	3.56	0.31
软件和信息技术服务业	65	15224	344.25	167.72	188.26	6.79
软件开发	651	9216	158.66	81.04	83.21	3.35
集成电路设计	652	42	4.10	0.53	1.34	0.03
信息系统集成和物联网技术服务	653	757	31.01	19.12	23.22	0.42
运行维护服务	654	117	49.01	17.90	38.98	1.10
信息处理和存储支持服务	655	73	12.50	7.53	1.33	0.04
信息技术咨询服务	656	3574	65.92	27.10	29.69	1.23
数字内容服务	657	305	11.74	8.84	1.33	0.10
其他信息技术服务业	659	1140	11.32	5.66	9.16	0.52

4-6　信息传输、软件和信息技术服务业企业法人分地区主要指标

地　区	代码	单位数（个）	资产总计（亿元）	负债合计（亿元）	营业收入（亿元）	从业人员（万人）
广西壮族自治区	**45**	**18186**	**1203.77**	**546.45**	**640.98**	**12.36**
南宁市	4501	9798	649.46	295.08	290.13	6.80
柳州市	4502	2265	84.20	29.80	54.61	0.97
桂林市	4503	1630	78.23	39.60	55.69	1.09
梧州市	4504	353	32.09	13.46	18.86	0.28
北海市	4505	717	56.49	26.44	26.19	0.38
防城港市	4506	250	23.73	9.84	10.38	0.16
钦州市	4507	398	33.94	13.73	23.80	0.33
贵港市	4508	500	43.11	21.40	26.67	0.41
玉林市	4509	825	44.11	8.37	36.03	0.58
百色市	4510	439	49.78	33.07	30.46	0.37
贺州市	4511	257	20.92	12.46	14.04	0.24
河池市	4512	211	39.54	15.43	24.04	0.23
来宾市	4513	225	28.00	17.84	14.68	0.23
崇左市	4514	318	20.15	9.92	15.40	0.29

4-7 信息传输、软件和信息技术服务业企业法人单位分登记注册类型主要指标

登记注册类型	代码	单位数（个）	资产总计（亿元）	负债合计（亿元）	营业收入（亿元）	从业人员（万人）
总 计		**18186**	**1203.77**	**546.45**	**640.98**	**12.36**
内资企业	**100**	**18095**	**1095.20**	**502.61**	**584.97**	**11.78**
国有企业	110	19	1.12	0.67	0.40	0.02
集体企业	120	4	0.04			
有限责任公司	150	2669	508.77	217.62	264.51	3.04
股份有限公司	160	286	387.98	184.13	178.36	2.61
私营企业	170	15090	197.16	100.15	141.61	6.10
其他企业	190	26	0.14	0.02	0.07	0.01
港、澳、台商投资企业	200	**25**	**60.88**	**34.88**	**33.87**	**0.29**
外商投资企业	300	**66**	**47.69**	**8.97**	**22.14**	**0.29**

4-8 金融业企业法人单位主要指标

行 业	代码	单位数（个）	资产总计（亿元）	营业收入（亿元）	从业人员（万人）
总 计		**2387**	**42699.04**	**1744.72**	**31.54**
货币金融服务	66	769	39390.18	1080.20	9.63
资本市场服务	67	273	898.74	18.75	0.45
保险业	68	411	1204.95	608.97	20.99
其他金融业	69	934	1205.18	36.80	0.47

注：金融业企业法人单位汇总范围包括人民银行、银保监会、证监会监管的单位和监管范围之外从事金融行业的单位。

4-9 房地产业企业法人单位主要指标

行 业	代码	单位数（个）	资产总计（亿元）	负债合计（亿元）	营业收入（亿元）	从业人员（万人）
总 计		**14034**	**2610.70**	**1546.36**	**214.55**	**18.64**
物业管理	702	4287	211.62	130.98	94.06	12.26
房地产中介服务	703	6837	319.79	211.09	49.61	4.12
房地产租赁经营	704	1901	1578.39	930.60	54.05	1.81
其他房地产业	709	1009	500.90	273.69	16.83	0.45

4-10　房地产业企业法人单位分地区主要指标

地　区	代码	单位数（个）	资产总计（亿元）	负债合计（亿元）	营业收入（亿元）	从业人员（万人）
广西壮族自治区	**45**	**14034**	**2610.70**	**1546.36**	**214.55**	**18.64**
南宁市	4501	5499	1873.12	1123.44	114.63	7.93
柳州市	4502	1335	133.09	65.09	20.11	2.01
桂林市	4503	1194	81.83	63.55	20.32	1.85
梧州市	4504	336	54.42	30.52	5.21	0.57
北海市	4505	1786	38.60	31.19	12.36	1.61
防城港市	4506	975	25.70	18.05	4.80	0.56
钦州市	4507	381	243.16	125.04	10.25	0.52
贵港市	4508	451	23.25	12.43	5.55	0.74
玉林市	4509	607	17.93	9.49	7.51	0.94
百色市	4510	408	63.53	25.96	4.15	0.48
贺州市	4511	176	8.95	6.44	1.30	0.21
河池市	4512	359	21.97	15.25	2.57	0.36
来宾市	4513	255	14.02	12.68	3.04	0.55
崇左市	4514	272	11.13	7.26	2.77	0.32

4-11　房地产业企业法人单位分登记注册类型主要指标

登记注册类型	代码	单位数（个）	资产总计（亿元）	负债合计（亿元）	营业收入（亿元）	从业人员（万人）
总　计		**14034**	**2610.71**	**1546.37**	**214.55**	**18.64**
内资企业	**100**	**13971**	**2483.13**	**1474.76**	**205.79**	**18.48**
国有企业	110	290	148.31	103.57	8.67	0.47
集体企业	120	417	21.23	13.03	3.77	0.38
股份合作企业	130	16	0.81	1.00	0.29	0.02
联营企业	140	13	0.98	0.92	0.05	0.01
有限责任公司	150	2238	1779.31	998.07	77.39	5.46
股份有限公司	160	211	28.86	13.80	5.44	0.58
私营企业	170	10781	503.58	344.38	110.16	11.57
其他企业	190	5	0.04			
港、澳、台商投资企业	**200**	**37**	**24.14**	**9.66**	**3.26**	**0.09**
外商投资企业	**300**	**26**	**103.44**	**61.95**	**5.51**	**0.08**

4-12　租赁和商务服务业企业法人单位主要指标

行　　业	代码	单位数（个）	资产总计（亿元）	负债合计（亿元）	营业收入（亿元）	从业人员（万人）
总　计		**67500**	**15948.49**	**8856.55**	**1188.81**	**48.10**
租赁业	71	5220	196.10	108.86	72.90	2.51
机械设备经营租赁	711	5032	194.87	108.35	71.86	2.43
文体设备和用品出租	712	160	0.92	0.36	0.88	0.07
日用品出租	713	28	0.31	0.15	0.15	0.01
商务服务业	72	62280	15752.39	8747.69	1115.91	45.59
组织管理服务	721	17432	13046.91	7275.88	253.31	7.63
综合管理服务	722	1647	388.16	242.34	71.05	2.09
法律服务	723	1052	9.76	5.73	14.05	0.93
咨询与调查	724	17225	1262.21	707.48	108.58	6.19
广告业	725	11222	109.75	58.04	89.24	4.42
人力资源服务	726	4042	111.05	56.63	350.94	14.91
安全保护服务	727	771	21.33	9.58	30.67	4.66
会议、展览及相关服务	728	779	45.85	23.84	8.01	0.34
其他商务服务业	729	8110	757.38	368.19	190.06	4.43

4-13　租赁和商务服务业企业法人单位分地区主要指标

地　区	代码	单位数（个）	资产总计（亿元）	负债合计（亿元）	营业收入（亿元）	从业人员（万人）
广西壮族自治区	**45**	**67500**	**15948.49**	**8856.55**	**1188.81**	**48.10**
南宁市	4501	27594	6449.22	3790.15	436.95	17.70
柳州市	4502	7414	2631.65	1229.18	257.62	7.32
桂林市	4503	6020	808.18	437.28	141.05	5.81
梧州市	4504	1709	641.06	370.67	22.98	0.98
北海市	4505	2887	457.46	251.20	84.78	1.64
防城港市	4506	1815	605.29	264.28	20.01	0.93
钦州市	4507	2163	365.81	192.60	28.27	1.33
贵港市	4508	3241	268.64	145.21	25.76	2.46
玉林市	4509	3828	733.53	436.15	45.30	2.54
百色市	4510	3658	939.14	511.20	39.27	1.81
贺州市	4511	1468	503.14	320.97	21.69	0.78
河池市	4512	1960	478.20	319.21	16.73	1.95
来宾市	4513	1373	817.72	459.65	27.49	1.36
崇左市	4514	2370	249.46	128.79	20.90	1.49

4-14 租赁和商务服务业企业法人单位分登记注册类型主要指标

登记注册类型	代码	单位数（个）	资产总计（亿元）	负债合计（亿元）	营业收入（亿元）	从业人员（万人）
总　计		**67500**	**15948.49**	**8856.55**	**1188.81**	**48.10**
内资企业	**100**	**67296**	**15662.20**	**8761.45**	**1174.89**	**47.92**
国有企业	110	376	447.73	257.56	23.93	1.15
集体企业	120	4341	41.45	22.10	6.56	1.56
股份合作企业	130	18	0.90	0.28	0.25	0.01
联营企业	140	41	10.32	0.52	0.25	0.02
有限责任公司	150	10475	12833.99	7378.13	412.54	11.74
股份有限公司	160	947	275.91	97.35	40.10	2.28
私营企业	170	48616	2041.39	1002.84	682.29	30.27
其他企业	190	2482	10.52	2.68	8.97	0.90
港、澳、台商投资企业	**200**	**86**	**30.51**	**13.41**	**1.75**	**0.07**
外商投资企业	**300**	**118**	**255.78**	**81.69**	**12.17**	**0.10**

4-15 科学研究和技术服务业企业法人单位主要指标

行　业	代码	单位数（个）	资产总计（亿元）	负债合计（亿元）	营业收入（亿元）	从业人员（万人）
总　计		**23173**	**1682.14**	**900.92**	**357.32**	**15.45**
研究和试验发展	73	2473	52.83	26.29	20.23	0.97
自然科学研究和试验发展	731	66	0.69	0.29	0.69	0.03
工程和技术研究和试验发展	732	1516	32.34	18.60	13.93	0.60
农业科学研究和试验发展	733	367	12.01	3.24	2.06	0.14
医学研究和试验发展	734	497	7.59	4.13	3.47	0.19
社会人文科学研究	735	27	0.20	0.03	0.08	0.01
专业技术服务业	74	9780	969.93	593.66	262.77	10.59
气象服务	741	36	0.31	0.10	0.32	0.02
地震服务	742	3	0.14	0.01	0.04	
海洋服务	743	15	9.51	4.94	0.05	0.01
测绘地理信息服务	744	410	14.43	5.67	10.93	0.51
质检技术服务	745	919	33.62	14.74	23.95	1.41
环境与生态监测检测服务	746	189	19.45	2.78	2.93	0.22
地质勘查	747	153	8.31	5.36	4.65	0.12
工程技术与设计服务	748	4978	815.13	534.30	186.95	6.89
工业与专业设计及其他专业技术服务	749	3077	69.02	25.77	32.94	1.41
科技推广和应用服务业	75	10920	659.38	280.97	74.32	3.89
技术推广服务	751	9397	632.91	264.19	64.57	3.37
知识产权服务	752	199	1.03	0.48	1.00	0.08
科技中介服务	753	314	3.58	2.53	1.66	0.11
创业空间服务	754	67	9.14	6.94	0.65	0.02
其他科技推广服务业	759	943	12.73	6.84	6.44	0.31

4-16　科学研究和技术服务业企业法人单位分地区主要指标

地　　区	代码	单位数（个）	资产总计（亿元）	负债合计（亿元）	营业收入（亿元）	从业人员（万人）
广西壮族自治区	**45**	**23173**	**1682.14**	**900.92**	**357.32**	**15.45**
南宁市	4501	11237	1314.71	721.50	208.04	7.82
柳州市	4502	2514	61.60	26.66	34.63	1.60
桂林市	4503	2157	77.22	41.47	36.59	1.59
梧州市	4504	629	17.95	8.67	7.87	0.44
北海市	4505	873	48.78	23.05	10.28	0.51
防城港市	4506	445	16.08	5.37	6.50	0.27
钦州市	4507	715	22.99	5.81	8.86	0.50
贵港市	4508	739	12.72	4.55	6.95	0.44
玉林市	4509	1272	31.62	9.44	13.50	0.81
百色市	4510	988	16.18	7.99	9.00	0.47
贺州市	4511	339	22.88	12.15	3.69	0.21
河池市	4512	466	16.21	8.83	4.49	0.30
来宾市	4513	435	13.37	22.24	3.16	0.21
崇左市	4514	364	9.83	3.21	3.77	0.28

4-17 科学研究和技术服务业企业法人单位分登记注册类型主要指标

登记注册类型	代码	单位数（个）	资产总计（亿元）	负债合计（亿元）	营业收入（亿元）	从业人员（万人）
总　计		**23173**	**1682.14**	**900.92**	**357.32**	**15.45**
内资企业	**100**	**23067**	**1655.28**	**897.60**	**355.93**	**15.38**
国有企业	110	311	80.56	34.63	35.12	1.20
集体企业	120	176	2.38	0.45	1.46	0.12
股份合作企业	130	12	0.25	0.24	0.12	0.01
联营企业	140	7	0.20	0.14		
有限责任公司	150	3783	1208.20	687.80	119.50	3.67
股份有限公司	160	326	28.26	9.12	6.96	0.30
私营企业	170	17537	329.08	163.83	188.54	9.70
其他企业	190	915	6.36	1.39	4.22	0.37
港、澳、台商投资企业	**200**	**50**	**3.54**	**1.22**	**0.68**	**0.02**
外商投资企业	**300**	**56**	**23.31**	**2.10**	**0.71**	**0.05**

4-18 水利、环境和公共设施管理业企业法人单位主要指标

行　业	代码	单位数（个）	资产总计（亿元）	负债合计（亿元）	营业收入（亿元）	从业人员（万人）
总　计		**2469**	**2931.77**	**1699.66**	**131.23**	**3.27**
水利管理业	76	140	221.88	128.97	11.28	0.17
防洪除涝设施管理	761	11	17.12	0.80	0.13	0.01
水资源管理	762	39	126.86	81.84	8.47	0.06
天然水收集与分配	763	20	61.41	36.01	1.20	0.04
水文服务	764	7	6.03	5.89	0.04	
其他水利管理业	769	63	10.46	4.43	1.45	0.05
生态保护和环境治理业	77	334	171.86	98.71	17.58	0.52
生态保护	771	50	45.53	30.88	2.50	0.16
环境治理业	772	284	126.33	67.82	15.08	0.36
公共设施管理业	78	1866	816.87	464.63	39.57	2.43
市政设施管理	781	202	539.40	320.17	9.98	0.22
环境卫生管理	782	277	18.45	9.97	5.42	0.62
城乡市容管理	783	16	0.74	0.65	0.44	0.03
绿化管理	784	691	30.09	18.93	8.36	0.35
城市公园管理	785	20	30.97	15.57	1.95	0.08
游览景区管理	786	660	197.22	99.34	13.43	1.14
土地管理业	79	129	1721.16	1007.36	62.80	0.15
土地整治服务	791	49	100.53	74.74	6.71	0.04
土地调查评估服务	792	43	0.56	0.27	0.49	0.03
土地登记代理服务	794	7	0.03	0.02	0.06	
其他土地管理服务	799	28	1617.30	931.91	55.03	0.07

4-19　水利、环境和公共设施管理业企业法人单位分地区主要指标

地　　区	代码	单位数（个）	资产总计（亿元）	负债合计（亿元）	营业收入（亿元）	从业人员（万人）
广西壮族自治区	**45**	**2469**	**2931.77**	**1699.66**	**131.23**	**3.27**
南宁市	4501	601	492.27	285.65	27.26	0.79
柳州市	4502	277	1161.04	679.20	51.09	0.21
桂林市	4503	358	144.03	97.07	13.54	0.61
梧州市	4504	103	64.34	34.06	3.56	0.12
北海市	4505	105	20.42	10.30	3.76	0.38
防城港市	4506	64	60.79	28.26	0.64	0.07
钦州市	4507	118	608.65	353.35	12.70	0.18
贵港市	4508	135	93.56	41.10	1.98	0.12
玉林市	4509	149	59.39	25.77	5.82	0.14
百色市	4510	142	10.92	7.17	1.40	0.14
贺州市	4511	90	37.03	27.90	1.35	0.09
河池市	4512	131	120.25	78.63	4.81	0.12
来宾市	4513	84	17.41	6.97	1.54	0.10
崇左市	4514	112	41.67	24.22	1.78	0.20

4-20 水利、环境和公共设施管理业企业法人单位分登记注册类型主要指标

登记注册类型	代码	单位数（个）	资产总计（亿元）	负债合计（亿元）	营业收入（亿元）	从业人员（万人）
总　计		**2469**	**2931.77**	**1699.66**	**131.23**	**3.27**
内资企业	**100**	**2446**	**2903.10**	**1688.10**	**129.44**	**3.16**
国有企业	110	92	141.73	95.22	6.64	0.36
集体企业	120	20	0.74	0.19	0.15	0.02
有限责任公司	150	574	2527.98	1495.45	94.99	1.16
股份有限公司	160	56	8.64	3.76	3.01	0.07
私营企业	170	1667	218.42	91.70	24.36	1.54
其他企业	190	35	5.58	1.78	0.28	0.02
港、澳、台商投资企业	**200**	**18**	**20.94**	**10.64**	**1.47**	**0.07**
外商投资企业	**300**	**5**	**7.72**	**0.93**	**0.32**	**0.04**

4-21 居民服务、修理和其他服务业企业法人单位主要指标

行　业	代码	单位数（个）	资产总计（亿元）	负债合计（亿元）	营业收入（亿元）	从业人员（万人）
总　计		**11018**	**613.43**	**380.81**	**95.29**	**7.28**
居民服务业	80	4346	41.24	21.74	24.49	2.48
家庭服务	801	1159	4.37	1.47	4.32	0.72
托儿所服务	802	64	0.44	0.11	0.25	0.06
洗染服务	803	148	1.41	0.73	1.22	0.14
理发及美容服务	804	1012	2.81	0.59	2.28	0.37
洗浴和保健养生服务	805	769	9.07	4.43	3.74	0.49
摄影扩印服务	806	384	2.80	2.27	2.05	0.22
婚姻服务	807	283	0.93	0.43	0.95	0.09
殡葬服务	808	102	12.16	8.04	5.08	0.11
其他居民服务业	809	425	7.24	3.67	4.60	0.28
机动车、电子产品和日用产品修理业	81	4630	538.57	338.10	43.45	2.74
汽车、摩托车等修理与维护	811	3293	526.19	330.58	32.45	2.09
计算机和办公设备维修	812	630	7.29	4.66	4.99	0.32
家用电器修理	813	612	4.01	2.29	4.66	0.29
其他日用产品修理业	819	95	1.08	0.56	1.34	0.04
其他服务业	82	2042	33.62	20.98	27.35	2.06
清洁服务	821	1432	13.42	6.56	14.50	1.75
宠物服务	822	44	0.25	0.06	0.19	0.02
其他未列明服务业	829	566	19.95	14.36	12.66	0.29

4-22　居民服务、修理和其他服务业企业法人单位分地区主要指标

地　　区	代码	单位数（个）	资产总计（亿元）	负债合计（亿元）	营业收入（亿元）	从业人员（万人）
广西壮族自治区	**45**	**11018**	**613.43**	**380.81**	**95.29**	**7.28**
南宁市	4501	4366	51.38	33.21	38.51	2.46
柳州市	4502	1246	14.37	7.26	13.07	1.01
桂林市	4503	1149	507.44	323.39	16.19	0.84
梧州市	4504	303	2.92	1.01	2.36	0.30
北海市	4505	433	2.97	1.03	1.89	0.25
防城港市	4506	241	3.21	1.25	1.41	0.23
钦州市	4507	392	3.78	0.89	2.90	0.27
贵港市	4508	495	7.21	3.52	4.39	0.47
玉林市	4509	789	4.10	1.59	3.88	0.36
百色市	4510	575	4.59	1.60	3.39	0.35
贺州市	4511	191	4.07	2.76	2.19	0.22
河池市	4512	363	2.89	1.31	2.30	0.20
来宾市	4513	214	2.39	1.42	0.79	0.10
崇左市	4514	261	2.12	0.57	2.03	0.22

4-23 居民服务、修理和其他服务业企业法人单位分登记注册类型主要指标

登记注册类型	代码	单位数（个）	资产总计（亿元）	负债合计（亿元）	营业收入（亿元）	从业人员（万人）
总　计		**11018**	**613.43**	**380.81**	**95.29**	**7.28**
内资企业	**100**	**11001**	**612.16**	**380.61**	**94.99**	**7.26**
国有企业	110	40	4.49	1.97	1.02	0.05
集体企业	120	39	1.32	0.99	0.66	0.05
股份合作企业	130	12	0.33	0.21	0.14	0.01
联营企业	140	4	0.41	0.38	0.11	0.01
有限责任公司	150	1340	22.44	15.13	17.27	1.12
股份有限公司	160	148	2.18	0.95	1.35	0.10
私营企业	170	9376	580.85	360.96	74.32	5.89
其他企业	190	42	0.13	0.02	0.12	0.02
港、澳、台商投资企业	**200**	**8**	**0.11**	**0.03**	**0.02**	**0.01**
外商投资企业	**300**	**9**	**1.15**	**0.17**	**0.28**	**0.02**

4-24 教育企业法人单位主要指标

行　　业	代码	单位数（个）	资产总计（亿元）	负债合计（亿元）	营业收入（亿元）	从业人员（万人）
总　计		**8358**	**116.91**	**38.35**	**63.36**	**9.05**
学前教育	831	4006	37.92	4.92	25.44	5.07
初等教育	832	134	7.12	4.47	1.99	0.31
中等教育	833	109	12.36	4.20	6.01	0.59
特殊教育	835	14	0.05	0.01	0.07	0.01
技能培训、教育辅助及其他教育	839	4094	56.80	24.40	29.62	3.06

4-25　教育企业法人单位分地区主要指标

地　　区	代码	单位数（个）	资产总计（亿元）	负债合计（亿元）	营业收入（亿元）	从业人员（万人）
广西壮族自治区	**45**	**8358**	**116.91**	**38.35**	**63.36**	**9.05**
南宁市	4501	2440	29.02	12.63	19.30	2.50
柳州市	4502	694	6.29	2.00	5.11	0.70
桂林市	4503	813	18.06	9.53	7.02	0.94
梧州市	4504	275	3.33	0.88	2.68	0.40
北海市	4505	270	4.15	2.12	2.71	0.39
防城港市	4506	178	1.50	0.36	0.75	0.18
钦州市	4507	338	10.74	0.85	4.00	0.44
贵港市	4508	547	7.74	1.05	4.68	0.64
玉林市	4509	816	7.83	1.42	4.66	0.86
百色市	4510	769	7.39	2.51	4.52	0.74
贺州市	4511	235	2.47	0.70	1.67	0.26
河池市	4512	412	4.42	1.44	2.65	0.45
来宾市	4513	281	11.18	2.54	1.45	0.23
崇左市	4514	290	2.77	0.32	2.17	0.32

4-26 教育企业法人单位分登记注册类型主要指标

登记注册类型	代码	单位数（个）	资产总计（亿元）	负债合计（亿元）	营业收入（亿元）	从业人员（万人）
总 计		**8358**	**116.91**	**38.35**	**63.36**	**9.05**
内资企业	**100**	**8349**	**116.79**	**38.29**	**63.21**	**9.04**
国有企业	110	90	8.37	3.22	1.58	0.17
集体企业	120	55	1.12	0.64	0.88	0.09
股份合作企业	130	16	1.35	0.50	0.69	0.07
联营企业	140	19	0.13	0.08	0.11	0.02
有限责任公司	150	481	13.38	3.69	3.94	0.43
股份有限公司	160	77	2.94	1.36	0.51	0.06
私营企业	170	4659	52.55	19.87	30.72	4.10
其他企业	190	2952	36.94	8.92	24.79	4.10
外商投资企业	**300**	**7**	**0.09**	**0.03**	**0.14**	**0.01**

4-27 卫生和社会工作企业法人单位主要指标

行 业	代码	单位数（个）	资产总计（亿元）	负债合计（亿元）	营业收入（亿元）	从业人员（万人）
总 计		**1627**	**110.63**	**50.67**	**59.36**	**3.27**
卫生	84	1294	62.58	26.76	56.87	2.92
医院	841	342	45.15	19.97	34.01	1.91
基层医疗卫生服务	842	817	8.28	2.77	8.05	0.65
专业公共卫生服务	843	69	5.14	2.14	10.04	0.16
其他卫生活动	849	66	4.01	1.87	4.76	0.20
社会工作	85	333	48.05	23.91	2.49	0.36
提供住宿社会工作	851	288	46.90	23.24	2.34	0.33
不提供住宿社会工作	852	45	1.15	0.67	0.15	0.03

4-28　卫生和社会工作企业法人单位分地区主要指标

地　　区	代码	单位数（个）	资产总计（亿元）	负债合计（亿元）	营业收入（亿元）	从业人员（万人）
广西壮族自治区	**45**	**1627**	**110.63**	**50.67**	**59.36**	**3.27**
南宁市	4501	392	60.83	33.79	18.80	1.03
柳州市	4502	168	4.19	1.24	2.92	0.22
桂林市	4503	144	7.66	3.18	6.26	0.37
梧州市	4504	66	1.50	0.56	1.47	0.11
北海市	4505	70	5.36	1.09	2.11	0.18
防城港市	4506	24	0.68	0.38	0.80	0.05
钦州市	4507	68	1.93	0.81	1.60	0.13
贵港市	4508	97	4.98	1.46	3.06	0.21
玉林市	4509	91	7.65	1.98	5.39	0.30
百色市	4510	191	2.22	0.52	3.13	0.14
贺州市	4511	55	3.90	1.41	4.93	0.17
河池市	4512	89	7.05	3.62	6.07	0.23
来宾市	4513	51	1.52	0.37	1.27	0.09
崇左市	4514	121	1.16	0.27	1.55	0.07

4-29 卫生和社会工作企业法人单位分登记注册类型主要指标

登记注册类型	代码	单位数（个）	资产总计（亿元）	负债合计（亿元）	营业收入（亿元）	从业人员（万人）
总　计		**1627**	**110.63**	**50.67**	**59.36**	**3.27**
内资企业	**100**	**1620**	**109.83**	**50.42**	**58.70**	**3.24**
国有企业	110	48	3.31	0.63	1.94	0.14
集体企业	120	56	0.19	0.02	0.59	0.06
联营企业	140	7	0.01		0.02	
有限责任公司	150	155	29.88	8.11	18.40	0.59
股份有限公司	160	22	1.47	0.40	3.00	0.09
私营企业	170	1029	65.57	37.50	26.16	1.87
其他企业	190	301	8.98	3.48	7.90	0.46
港、澳、台商投资企业	**200**	**5**	**0.79**	**0.25**	**0.65**	**0.03**

4-30　文化、体育和娱乐业企业法人单位主要指标

行　业	代码	单位数（个）	资产总计（亿元）	负债合计（亿元）	营业收入（亿元）	从业人员（万人）
总　计		**9914**	**342.34**	**176.30**	**89.13**	**5.92**
新闻和出版业	86	95	102.58	46.86	24.87	0.46
新闻业	861	9	0.07	0.02	0.08	0.01
出版业	862	86	102.52	46.83	24.79	0.45
广播、电视、电影和录音制作业	87	1019	29.90	16.18	16.91	0.76
广播	871	26	0.17	0.03	0.16	0.01
电视	872	23	1.52	0.38	2.14	0.02
影视节目制作	873	652	10.84	4.69	3.91	0.25
电影和广播电视节目发行	875	24	0.71	0.40	0.20	0.02
电影放映	876	264	16.57	10.65	10.36	0.45
录音制作	877	30	0.10	0.02	0.13	0.01
文化艺术业	88	1985	67.42	41.27	12.86	1.09
文艺创作与表演	881	472	17.99	10.82	3.63	0.45
艺术表演场馆	882	8	12.36	3.60	2.73	0.08
图书馆与档案馆	883	51	0.21	0.06	0.24	0.03
文物及非物质文化遗产保护	884	29	9.42	8.12	0.78	0.06
博物馆	885	15	4.28	0.44	0.17	0.05
群众文体活动	887	177	1.56	0.28	1.00	0.08
其他文化艺术业	889	1231	21.51	17.89	4.25	0.35
体育	89	914	24.88	18.01	5.55	0.64
体育组织	891	248	2.73	1.66	0.84	0.11
体育场地设施管理	892	94	7.40	4.26	1.47	0.11
健身休闲活动	893	532	14.59	12.03	3.13	0.40
其他体育	899	40	0.16	0.06	0.10	0.02
娱乐业	90	5901	117.56	53.98	28.95	2.97
室内娱乐活动	901	3191	19.15	5.00	14.86	1.59
游乐园	902	90	32.75	27.93	3.33	0.25
休闲观光活动	903	420	52.30	15.88	2.71	0.34
彩票活动	904	9	0.11	0.11	0.01	
文化体育娱乐活动与经纪代理服务	905	2149	12.03	4.61	7.56	0.74
其他娱乐业	909	42	1.23	0.45	0.48	0.05

4-31 文化、体育和娱乐业企业法人单位分地区主要指标

地　　区	代码	单位数（个）	资产总计（亿元）	负债合计（亿元）	营业收入（亿元）	从业人员（万人）
广西壮族自治区	**45**	**9914**	**342.34**	**176.30**	**89.13**	**5.92**
南宁市	4501	3665	185.63	89.10	43.37	2.12
柳州市	4502	1114	19.37	11.81	8.13	0.61
桂林市	4503	954	57.71	32.68	16.02	0.83
梧州市	4504	334	2.87	1.02	1.97	0.22
北海市	4505	444	8.20	1.72	2.88	0.23
防城港市	4506	196	4.30	2.43	1.07	0.09
钦州市	4507	391	8.14	3.77	2.83	0.27
贵港市	4508	535	6.68	2.77	2.32	0.31
玉林市	4509	684	13.83	6.03	3.63	0.39
百色市	4510	503	10.56	7.35	2.27	0.26
贺州市	4511	235	9.87	8.07	0.88	0.15
河池市	4512	386	2.58	0.62	1.15	0.16
来宾市	4513	233	5.38	3.52	0.74	0.10
崇左市	4514	240	7.24	5.42	1.87	0.19

4-32　文化、体育和娱乐业企业法人单位按登记注册类型主要指标

登记注册类型	代码	单位数（个）	资产总计（亿元）	负债合计（亿元）	营业收入（亿元）	从业人员（万人）
总　计		**9914**	**342.34**	**176.30**	**89.13**	**5.92**
内资企业	**100**	**9884**	**331.29**	**165.47**	**88.04**	**5.87**
国有企业	110	104	14.17	5.67	4.25	0.28
集体企业	120	8	0.12	0.04	0.05	0.01
股份合作企业	130	3	0.01		0.01	
联营企业	140	6	0.13	0.12	0.01	
有限责任公司	150	1077	221.55	116.61	42.17	1.41
股份有限公司	160	97	2.34	0.84	0.76	0.07
私营企业	170	8453	90.16	41.76	40.06	3.99
其他企业	190	136	2.82	0.42	0.73	0.10
港、澳、台商投资企业	**200**	**13**	**8.16**	**7.40**	**0.41**	**0.03**
外商投资企业	**300**	**17**	**2.89**	**3.43**	**0.68**	**0.03**

4-33 国有控股企业分行业主要指标

行业	代码	单位数（个）	资产总计（亿元）	负债合计（亿元）	营业收入（亿元）	从业人员（万人）
总计		**3160**	**23620.52**	**13835.27**	**1125.20**	**20.10**
交通运输、仓储和邮政业	**G**	**510**	**6109.20**	**3944.99**	**347.13**	**6.97**
道路运输业	54	141	5159.30	3472.42	148.58	3.25
水上运输业	55	23	49.18	20.38	8.47	0.11
航空运输业	56	9	205.44	55.94	16.95	0.63
多式联运和运输代理业	58	26	75.90	55.16	21.23	0.10
装卸搬运和仓储业	59	277	532.58	280.77	97.88	1.14
邮政业	60	33	37.64	15.58	52.71	1.72
信息传输、软件和信息技术服务业	**I**	**115**	**711.00**	**307.61**	**330.37**	**3.10**
电信、广播电视和卫星传输服务	63	71	677.13	286.32	318.98	2.98
互联网和相关服务	64	12	11.22	4.97	6.35	0.03
软件和信息技术服务业	65	32	22.65	16.31	5.03	0.09
房地产	**K**	**462**	**1590.83**	**889.13**	**39.56**	**1.49**
物业管理	702	108	81.87	41.59	13.52	0.90
房地产中介服务	703	36	43.82	34.71	1.75	0.05
房地产租赁经营	704	287	1214.69	674.30	19.87	0.50
其他房地产业	709	31	250.45	138.53	4.42	0.04
租赁和商务服务业	**L**	**1180**	**11472.57**	**6512.72**	**205.73**	**4.52**
租赁业	71	44	43.80	23.18	4.51	0.10
商务服务业	72	1136	11428.77	6489.54	201.22	4.42
科学研究和技术服务业	**M**	**416**	**1124.03**	**640.16**	**77.14**	**2.00**
研究和试验发展	73	16	4.23	3.24	0.60	0.04
专业技术服务业	74	314	686.13	460.70	73.34	1.81
科技推广和应用服务业	75	86	433.67	176.23	3.20	0.15
水利、环境和公共设施管理业	**N**	**209**	**2454.02**	**1454.88**	**88.64**	**0.92**
水利管理业	76	29	152.09	90.85	8.65	0.08
生态保护和环境治理业	77	19	124.34	74.56	7.39	0.19
公共设施管理业	78	135	482.92	298.66	12.74	0.57
土地管理业	79	26	1694.67	990.81	59.86	0.08
居民服务、修理和其他服务业	**O**	**69**	**9.08**	**3.70**	**4.51**	**0.21**
居民服务业	80	22	3.60	1.71	2.18	0.10
机动车、电子产品和日用产品修理业	81	29	4.11	1.06	1.80	0.08
其他服务业	82	18	1.37	0.94	0.53	0.03
教育	**P**	**23**	**4.31**	**2.70**	**0.56**	**0.02**
学前教育	831	5	0.04		0.01	
技能培训、教育辅助及其他教育	839	16	4.08	2.67	0.50	0.02
卫生和社会工作	**Q**	**20**	**1.32**	**0.43**	**1.47**	**0.06**
卫生	84	13	1.11	0.42	1.45	0.06
社会工作	85	7	0.21		0.02	
文化、体育和娱乐业	**R**	**156**	**144.16**	**78.95**	**30.09**	**0.81**
新闻和出版业	86	25	96.89	44.91	21.60	0.33
广播、电视、电影和录音制作业	87	81	10.07	4.89	4.94	0.16
文化艺术业	88	27	20.28	14.52	1.91	0.17
体育	89	3	3.48	2.94	0.25	0.02
娱乐业	90	20	13.45	11.70	1.38	0.12

注：不含铁路运输业、金融业、房地产开发经营。

4-34 非公有控股企业分行业主要指标

行　　业	代码	单位数（个）	资产总计（亿元）	负债合计（亿元）	营业收入（亿元）	从业人员（万人）
总　计		**151328**	**9158.49**	**5009.38**	**2580.48**	**115.02**
交通运输、仓储和邮政业	**G**	**12101**	**1378.18**	**808.95**	**626.12**	**16.91**
道路运输业	54	8233	875.88	571.42	393.13	10.75
水上运输业	55	461	127.69	41.97	53.53	1.03
航空运输业	56	44	72.07	31.46	35.22	0.27
多式联运和运输代理业	58	1428	81.79	40.88	61.86	0.98
装卸搬运和仓储业	59	1267	206.19	114.68	54.30	1.92
邮政业	60	668	14.56	8.54	28.08	1.96
信息传输、软件和信息技术服务业	**I**	**18024**	**492.04**	**238.73**	**310.37**	**9.24**
电信、广播电视和卫星传输服务	63	493	138.77	69.08	105.77	1.53
互联网和相关服务	64	2377	32.22	18.30	21.51	1.02
软件和信息技术服务业	65	15154	321.04	151.35	183.08	6.68
房地产	**K**	**13080**	**991.41**	**642.27**	**170.09**	**16.63**
物业管理	702	4140	128.99	88.80	79.43	11.21
房地产中介服务	703	6778	274.66	175.84	47.62	4.05
房地产租赁经营	704	1199	337.98	243.01	30.72	0.97
其他房地产业	709	963	249.78	134.62	12.32	0.40
租赁和商务服务业	**L**	**58847**	**4361.62**	**2291.33**	**951.25**	**40.11**
租赁业	71	5114	150.84	85.02	68.03	2.38
商务服务业	72	53733	4210.78	2206.31	883.22	37.73
科学研究和技术服务业	**M**	**21503**	**538.00**	**254.33**	**266.53**	**12.69**
研究和试验发展	73	2423	45.86	22.13	18.84	0.91
专业技术服务业	74	9123	273.21	129.01	180.78	8.37
科技推广和应用服务业	75	9957	218.92	103.19	66.91	3.41
水利、环境和公共设施管理业	**N**	**2151**	**461.71**	**238.67**	**39.66**	**2.21**
水利管理业	76	75	67.17	37.70	2.36	0.05
生态保护和环境治理业	77	306	46.25	23.48	10.07	0.32
公共设施管理业	78	1671	324.59	161.37	24.86	1.78
土地管理业	79	99	23.71	16.13	2.36	0.06
居民服务、修理和其他服务业	**O**	**10820**	**601.76**	**375.29**	**89.66**	**6.96**
居民服务业	80	4242	36.69	19.44	21.81	2.33
机动车、电子产品和日用产品修理业	81	4572	533.65	336.50	41.36	2.63
其他服务业	82	2006	31.41	19.35	26.49	2.00
教育	**P**	**4109**	**52.97**	**19.39**	**25.54**	**2.99**
学前教育	831	513	5.38	0.82	2.06	0.45
初等教育	832	43	0.07	0.01	0.04	0.01
中等教育	833	11	0.40	0.02	0.09	0.02
特殊教育	835	4	0.01		0.01	
技能培训、教育辅助及其他教育	839	3538	47.11	18.54	23.35	2.51
卫生和社会工作	**Q**	**1147**	**94.35**	**45.41**	**45.66**	**2.42**
卫生	84	953	48.37	22.05	44.81	2.26
社会工作	85	194	45.97	23.37	0.85	0.16
文化、体育和娱乐业	**R**	**9546**	**186.45**	**95.01**	**55.60**	**4.86**
新闻和出版业	86	52	0.86	0.34	0.90	0.03
广播、电视、电影和录音制作业	87	924	19.52	11.14	11.80	0.58
文化艺术业	88	1900	43.44	26.58	10.87	0.84
体育	89	843	19.64	14.71	4.67	0.58
娱乐业	90	5827	102.99	42.23	27.37	2.83

注：不含铁路运输业、金融业、房地产开发经营。

4-35 规模以上交通运输、仓储

行业	代码	固定资产原价（亿元）	累计折旧（亿元）	资产总计（亿元）	负债合计（亿元）	所有者权益合计（亿元）	营业收入（亿元）	营业成本（亿元）
总计		**1574.69**	**433.74**	**5673.80**	**3489.50**	**2184.30**	**694.41**	**562.06**
铁路运输业	53	364.09	56.24	376.31	211.07	165.25	68.53	55.01
铁路货物运输	532	364.09	56.24	376.31	211.07	165.25	68.53	55.01
道路运输业	54	701.38	229.67	4333.75	2816.91	1516.84	325.07	247.22
城市公共交通运输	541	76.64	28.90	610.48	355.25	255.23	21.20	31.81
公路旅客运输	542	84.91	43.51	149.91	86.36	63.54	48.57	35.18
道路货物运输	543	51.07	26.68	108.59	74.60	33.99	148.57	132.23
道路运输辅助活动	544	488.76	130.57	3464.78	2300.70	1164.08	106.74	48.00
水上运输业	55	58.99	17.32	62.60	30.90	31.71	34.57	26.94
水上旅客运输	551	8.67	2.89	10.03	1.77	8.26	3.30	1.47
水上货物运输	552	34.54	11.62	34.02	15.92	18.10	28.78	23.48
水上运输辅助活动	553	15.78	2.80	18.56	13.21	5.35	2.49	1.99
航空运输业	56	134.01	37.35	238.42	66.44	171.97	40.79	36.69
航空客货运输	561	132.91	36.81	237.80	65.82	171.97	40.74	36.51
航空运输辅助活动	563	1.10	0.55	0.62	0.62		0.05	0.18
多式联运和运输代理业	58	11.73	2.75	93.35	61.16	32.19	46.15	43.17
运输代理业	582	11.73	2.75	93.35	61.16	32.19	46.15	43.17
装卸搬运和仓储业	59	272.25	73.89	527.70	282.41	245.29	112.45	95.38
装卸搬运	591	219.59	57.22	380.89	180.48	200.41	54.94	37.21
通用仓储	592	7.96	3.40	20.99	10.07	10.92	22.18	21.99
低温仓储	593	8.47	1.47	13.13	10.35	2.79	0.39	0.36
危险品仓储	594	11.04	2.50	14.10	8.69	5.41	0.85	0.68
谷物、棉花等农产品仓储	595	21.39	8.23	91.29	67.80	23.49	31.55	33.75
其他仓储业	599	3.81	1.06	7.29	5.02	2.26	2.55	1.39
邮政业	60	32.24	16.52	41.66	20.60	21.06	66.85	57.64
邮政基本服务	601	28.58	14.83	31.51	12.80	18.71	43.88	37.46
快递服务	602	2.34	0.98	6.66	5.46	1.21	16.10	13.27
其他寄递服务	609	1.32	0.72	3.49	2.35	1.14	6.87	6.92

和邮政业企业法人单位主要指标

税金及附　加（亿元）	经营费用（销售费用）（亿元）	管理费用（亿元）	财务费用（亿元）	投资收益（损失以“–”号记）（亿元）	其他收益（亿元）	营业利润（亿元）	利润总额（亿元）	应付职工薪酬（本年贷方累计发生额）（亿元）	应　缴增值税（亿元）	平　均用工人数（万人）
5.47	**13.62**	**54.07**	**59.88**	**21.10**	**25.51**	**66.86**	**74.86**	**118.28**	**12.71**	**14.17**
0.29		3.15	8.66		0.84	2.25	1.96	9.48	1.47	0.57
0.29		3.15	8.66		0.84	2.25	1.96	9.48	1.47	0.57
2.64	6.96	28.01	22.94	16.66	15.36	51.02	57.28	55.35	6.17	8.03
0.45	0.08	4.03	1.18	3.01	15.12	1.78	3.55	18.17	–0.24	2.42
0.49	1.61	9.50	1.36	1.01	0.09	2.55	4.79	10.93	1.33	1.79
0.58	3.73	6.85	0.82	0.18	0.08	5.13	5.12	12.25	3.13	2.41
1.12	1.53	7.64	19.58	12.45	0.08	41.55	43.81	14.00	1.94	1.41
0.30	1.69	2.16	1.07	0.06	0.11	2.57	2.54	5.14	0.62	0.89
0.02	0.24	0.31	0.04	0.01	0.10	1.35	1.34	0.73	0.09	0.13
0.27	1.45	1.63	0.59	0.05		1.40	1.37	3.77	0.50	0.70
0.01		0.23	0.44		0.01	–0.18	–0.17	0.64	0.03	0.07
0.66	0.57	3.99	–0.28	0.32	0.78	0.22	0.55	10.95	–0.10	0.71
0.65	0.57	3.91	–0.28	0.32	0.78	0.44	0.70	10.77	–0.10	0.70
0.01		0.09				–0.22	–0.15	0.18		0.01
0.14	0.47	2.15	0.49	0.49	0.14	0.37	0.41	3.02	1.76	0.30
0.14	0.47	2.15	0.49	0.49	0.14	0.37	0.41	3.02	1.76	0.30
1.03	2.86	7.53	6.91	3.58	8.21	9.85	11.71	12.15	1.90	1.48
0.50	0.30	4.83	5.29	3.33	0.22	9.49	9.68	8.93	1.48	1.08
0.10	0.31	0.41	0.01	0.17	1.58	1.21	1.21	0.93	0.17	0.12
0.16		0.05	0.24			–0.42	–0.41	0.07	0.02	0.02
0.01		0.10	0.18			–0.12	–0.12	0.12	0.02	0.02
0.20	1.92	1.71	1.06	0.08	6.40	–0.63	1.02	1.66	0.15	0.18
0.06	0.33	0.37	0.12			0.32	0.34	0.43	0.07	0.07
0.41	1.06	7.07	0.09		0.07	0.58	0.41	22.20	0.89	2.19
0.38		5.14	0.03		0.05	0.90	0.70	15.74	0.72	1.35
0.02	0.84	1.42	0.06		0.02	0.51	0.54	4.94	0.07	0.74
0.01	0.23	0.51				–0.83	–0.84	1.52	0.10	0.10

4-36 规模以上信息传输、软件和

行　　业	代码	固定资产原价（亿元）	累计折旧（亿元）	资产总计（亿元）	负债合计（亿元）	所有者权益合计（亿元）	营业收入（亿元）	营业成本（亿元）
总　计		**1048.79**	**588.39**	**895.35**	**421.51**	**473.84**	**486.46**	**353.00**
电信、广播电视和卫星传输服务	63	1042.07	585.65	754.48	339.14	415.34	396.87	285.78
电信	631	975.79	555.21	669.69	291.28	378.41	372.74	266.09
广播电视传输服务	632	66.28	30.44	84.80	47.86	36.93	24.13	19.69
互联网和相关服务	64	0.45	0.31	11.09	3.17	7.92	13.03	6.64
互联网信息服务	642	0.40	0.27	10.07	2.53	7.54	11.22	5.26
互联网平台	643	0.02	0.01	0.89	0.56	0.33	1.01	0.71
其他互联网服务	649	0.03	0.03	0.12	0.08	0.04	0.80	0.67
软件和信息技术服务业	65	6.27	2.43	129.78	79.20	50.58	76.56	60.58
软件开发	651	2.93	1.16	51.90	40.23	11.67	19.53	12.59
集成电路设计	652	0.18	0.10	0.78	0.21	0.56	0.78	0.49
信息系统集成和物联网技术服务	653	0.73	0.20	17.17	10.79	6.38	13.35	11.86
运行维护服务	654	1.70	0.85	41.80	14.97	26.83	36.45	30.54
信息处理和存储支持服务	655	0.55	0.06	9.41	6.75	2.66	0.76	0.10
信息技术咨询服务	656	0.12	0.03	6.33	4.71	1.62	4.49	3.91
数字内容服务	657	0.05	0.02	2.07	1.37	0.71	0.16	0.10
其他信息技术服务业	659	0.02	0.01	0.32	0.17	0.15	1.05	0.99

信息技术服务业企业法人单位主要指标

税金及附　加（亿元）	经营费用（销售费用）（亿元）	管理费用（亿元）	财务费用（亿元）	投资收益（损失以“–”号记）（亿元）	其他收益（亿元）	营业利润（亿元）	利润总额（亿元）	应付职工薪酬（本年贷方累计发生额）（亿元）	应　缴增值税（亿元）	平均用工人数（万人）
1.45	**47.92**	**33.19**	**2.40**	**2.87**	**2.33**	**50.80**	**50.42**	**69.31**	**3.75**	**5.78**
0.95	42.29	24.91	2.48	0.91	1.38	40.96	40.34	55.22	1.59	3.96
0.91	40.41	22.52	2.29	0.22	0.84	39.82	39.11	49.67	1.59	3.50
0.04	1.88	2.40	0.19	0.69	0.54	1.14	1.24	5.56		0.47
0.05	2.21	1.13	–0.07	0.11	0.07	3.22	3.26	1.97	0.21	0.18
0.03	2.15	0.84	–0.07	0.11	0.07	3.15	3.16	1.14	0.13	0.07
0.01	0.05	0.14				0.10	0.12	0.11	0.04	0.03
0.01		0.15				–0.03	–0.02	0.71	0.05	0.08
0.45	3.42	7.14	–0.01	1.85	0.88	6.62	6.82	12.12	1.95	1.63
0.24	1.74	1.97	–0.29	1.81	0.41	5.14	5.25	2.20	0.77	0.27
		0.20		0.01		0.09	0.09	0.14	0.04	0.01
0.03	0.28	0.86	0.05	0.02	0.28	0.25	0.34	1.23	0.24	0.09
0.15	1.32	3.34	–0.05		0.19	0.92	0.90	7.26	0.83	1.08
		0.35	0.30	0.01		0.00		0.14	–0.02	0.02
	0.06	0.27	0.01			0.24	0.25	0.13	0.01	0.02
	0.03	0.12	–0.02			–0.05	–0.05	0.11	0.01	0.01
0.01		0.03	0.00			0.02	0.03	0.91	0.06	0.13

4-37 规模以上物业管理、房地产中介服务、房地

行业	代码	固定资产原价（亿元）	累计折旧（亿元）	资产总计（亿元）	负债合计（亿元）	所有者权益合计（亿元）	营业收入（亿元）	营业成本（亿元）	税金及附加（亿元）
总　计		**107.10**	**11.04**	**1420.79**	**776.49**	**644.30**	**74.70**	**44.75**	**2.41**
物业管理	702	11.25	3.27	113.47	67.56	45.92	43.88	31.37	0.44
房地产中介服务	703	0.79	0.42	4.46	2.31	2.15	5.06	2.39	0.03
房地产租赁经营	704	94.40	7.33	1161.18	634.77	526.41	21.90	8.81	1.92
其他房地产业	709	0.67	0.03	141.67	71.85	69.82	3.86	2.18	0.03

4-38 规模以上租赁和商务

行业	代码	固定资产原价（亿元）	累计折旧（亿元）	资产总计（亿元）	负债合计（亿元）	所有者权益合计（亿元）	营业收入（亿元）	营业成本（亿元）	税金及附加（亿元）
总　计		**190.48**	**50.92**	**4601.92**	**2761.68**	**1840.25**	**489.99**	**363.76**	**4.05**
租赁业	71	12.94	5.03	26.66	18.07	8.59	9.08	6.31	0.05
机械设备经营租赁	711	12.94	5.03	26.66	18.07	8.59	9.08	6.31	0.05
商务服务业	72	177.54	45.89	4575.26	2743.61	1831.66	480.91	357.44	3.99
组织管理服务	721	63.86	9.88	4026.85	2364.29	1662.57	69.64	34.92	1.36
综合管理服务	722	65.50	17.23	189.25	129.47	59.78	56.23	39.82	0.68
法律服务	723	0.50	0.27	2.15	1.55	0.60	2.69	1.16	0.02
咨询与调查	724	0.92	0.51	70.66	61.29	9.38	9.86	6.48	0.05
广告业	725	3.07	3.17	27.65	19.16	8.49	21.90	17.85	0.25
人力资源服务	726	2.25	0.75	26.06	15.88	10.18	172.21	165.79	1.07
安全保护服务	727	2.83	1.87	10.18	4.23	5.95	18.89	15.12	0.07
会议、展览及相关服务	728	3.40	0.56	5.33	4.22	1.10	2.04	1.43	0.02
其他商务服务业	729	35.22	11.66	217.13	143.52	73.62	127.45	74.87	0.47

产租赁经营和其他房地产业企业法人单位主要指标

经营费用（销售费用）（亿元）	管理费用（亿元）	财务费用（亿元）	投资收益（损失以“-”号记）（亿元）	其他收益（亿元）	营业利润（亿元）	利润总额（亿元）	应付职工薪酬（本年贷方累计发生额）（亿元）	应缴增值税（亿元）	平均用工人数（万人）
2.68	**14.84**	**16.62**	**9.03**	**8.21**	**5.45**	**6.02**	**26.75**	**3.17**	**5.83**
1.06	8.37	0.46	0.03	0.01	2.22	2.33	21.92	1.83	5.25
0.74	1.21	0.0[illegible]			0.69	0.67	2.14	0.21	0.33
0.88	5.16	16.21	8.99	8.20	0.91	1.39	2.56	1.03	0.24
	0.09	–0.07			1.63	1.63	0.13	0.11	0.01

服务业企业法人单位主要指标

经营费用（销售费用）（亿元）	管理费用（亿元）	财务费用（亿元）	投资收益（损失以“-”号记）（亿元）	其他收益（亿元）	营业利润（亿元）	利润总额（亿元）	应付职工薪酬（本年贷方累计发生额）（亿元）	应缴增值税（亿元）	平均用工人数（万人）
10.88	**43.93**	**47.63**	**11.33**	**14.84**	**31.69**	**43.84**	**106.34**	**12.97**	**17.30**
0.69	1.25	0.29	–0.01		0.47	0.49	1.65	0.41	0.17
0.69	1.25	0.29	–0.01		0.47	0.49	1.65	0.41	0.17
10.19	42.68	47.34	11.34	14.84	31.22	43.35	104.70	12.56	17.13
1.27	8.98	41.26	39.91	12.87	30.67	41.93	9.03	1.61	1.11
2.14	8.39	2.43	0.13	1.60	4.35	4.71	7.17	1.12	1.09
0.06	0.95				0.50	0.49	0.95	0.17	0.07
0.33	1.47	2.02	0.24	0.05	–0.47	–0.44	2.12	0.33	0.21
0.62	1.78	0.02	0.15	0.13	1.62	1.63	1.69	1.55	0.23
0.64	3.06		0.03	0.02	1.49	1.62	59.42	4.75	9.25
0.46	2.64	0.01	0.79		1.38	1.37	12.24	0.31	3.58
0.08	0.32				0.19	0.19	0.19	0.09	0.04
4.57	15.08	1.61	–29.91	0.16	–8.51	–8.16	11.88	2.64	1.55

4-39 规模以上科学研究和技

行业	代码	固定资产原价（亿元）	累计折旧（亿元）	资产总计（亿元）	负债合计（亿元）	所有者权益合计（亿元）	营业收入（亿元）	营业成本（亿元）
总计		**25.87**	**12.04**	**434.55**	**258.82**	**175.73**	**110.13**	**75.70**
研究和试验发展	73	0.37	0.19	1.13	0.84	0.29	0.47	0.41
自然科学研究和试验发展	731	0.17	0.14	0.25	0.11	0.14	0.42	0.37
工程和技术研究和试验发展	732	0.20	0.05	0.88	0.73	0.15	0.05	0.04
专业技术服务业	74	22.76	11.55	424.43	250.98	173.45	107.16	73.61
测绘地理信息服务	744	1.19	0.73	5.48	0.69	4.78	4.06	2.44
质检技术服务	745	2.37	1.30	5.22	1.75	3.47	4.16	1.88
环境与生态监测检测服务	746	0.36	0.07	0.54	0.20	0.34	0.19	0.12
地质勘查	747	0.96	0.48	3.22	1.83	1.39	2.64	1.94
工程技术与设计服务	748	16.58	8.23	407.13	244.88	162.25	94.43	66.27
工业与专业设计及其他专业技术服务	749	1.30	0.73	2.84	1.63	1.21	1.67	0.96
科技推广和应用服务业	75	2.75	0.31	8.99	7.00	1.99	2.50	1.68
技术推广服务	751	0.76	0.20	2.40	1.10	1.30	1.87	1.34
科技中介服务	753	0.01	0.01	0.30	0.28	0.02	0.14	0.10
创业空间服务	754	1.98	0.10	6.30	5.63	0.67	0.49	0.24

术服务业企业法人单位主要指标

税金及附加（亿元）	经营费用（销售费用）（亿元）	管理费用（亿元）	财务费用（亿元）	投资收益（损失以“-”号记）（亿元）	其他收益（亿元）	营业利润（亿元）	利润总额（亿元）	应付职工薪酬（本年贷方累计发生额）（亿元）	应缴增值税（亿元）	平均用工人数（万人）
0.92	**2.08**	**23.41**	**0.21**	**1.17**	**0.05**	**8.66**	**9.00**	**39.06**	**4.88**	**3.68**
	0.01	0.13	0.01			-0.09	-0.09	0.14	0.01	0.02
		0.07				-0.03	-0.03	0.11	0.01	0.01
		0.06				-0.06	-0.06	0.03		
0.88	1.98	22.69	0.13	1.17	0.05	8.73	8.95	38.36	4.76	3.59
0.03	0.14	0.93	-0.03			0.56	0.55	1.55	0.16	0.16
0.03	0.32	1.39			0.02	0.56	0.59	1.14	0.17	0.22
	0.01	0.06				-0.01	-0.01	0.05		0.02
0.02		0.57	0.01	0.23		0.17	0.17	0.41	0.08	0.04
0.78	1.49	19.13	0.15	0.94	0.01	7.35	7.54	34.36	4.29	3.04
0.01	0.02	0.60			0.02	0.10	0.11	0.84	0.06	0.12
0.04	0.09	0.59	0.07			0.02	0.14	0.57	0.11	0.07
0.02	0.07	0.35	0.01			0.09	0.14	0.50	0.06	0.06
		0.05				-0.01		0.04		0.01
0.02	0.02	0.20	0.07			-0.06		0.03	0.05	

4-40 规模以上水利、环境和公共

行　　业	代码	固定资产原　　价（亿元）	累计折旧（亿元）	资产总计（亿元）	负债合计（亿元）	所有者权益合计（亿元）	营业收入（亿元）	营业成本（亿元）
总　计		**121.31**	**22.88**	**1940.74**	**1150.40**	**790.34**	**92.52**	**75.67**
水利管理业	76	13.19	2.50	114.57	76.82	37.76	7.58	7.45
水资源管理	762	5.51	2.08	101.99	67.97	34.01	7.21	7.18
天然水收集与分配	763	7.24	0.19	12.21	8.68	3.53	0.36	0.24
其他水利管理业	769	0.45	0.23	0.38	0.17	0.21	0.02	0.03
生态保护和环境治理业	77	32.30	7.84	53.13	35.44	17.69	9.57	7.20
生态保护	771	0.90	0.63	3.73	4.90	-1.18	0.81	0.61
环境治理业	772	31.40	7.20	49.40	30.53	18.87	8.76	6.59
公共设施管理业	78	27.33	9.45	122.37	77.41	44.95	13.89	7.29
市政设施管理	781	0.24	0.16	8.00	7.78	0.22	1.08	0.75
环境卫生管理	782	2.36	0.18	3.39	2.54	0.85	1.58	1.48
城乡市容管理	783	0.06	0.01	0.05	0.03	0.03	0.16	0.14
绿化管理	784	0.05	0.05	0.85	0.59	0.26	0.65	0.57
城市公园管理	785	0.10	0.04	0.45	0.35	0.10	0.60	0.23
游览景区管理	786	24.52	9.01	109.62	66.12	43.50	9.83	4.12
土地管理业	79	48.49	3.10	1650.67	960.73	689.94	61.48	53.73
土地整治服务	791	4.37	0.62	46.46	38.00	8.45	6.41	5.64
土地登记服务	793	0.08	0.05	2.74	0.42	2.31	0.51	0.02
其他土地管理服务	799	44.04	2.43	1601.48	922.31	679.17	54.56	48.07

设施管理业企业法人单位主要指标

税金及附加（亿元）	经营费用（销售费用）（亿元）	管理费用（亿元）	财务费用（亿元）	投资收益（损失以“－”号记）（亿元）	其他收益（亿元）	营业利润（亿元）	利润总额（亿元）	应付职工薪酬（本年贷方累计发生额）（亿元）	应缴增值税（亿元）	平均用工人数（万人）
1.58	**2.32**	**6.27**	[illegible]	**1.44**	**0.24**	**5.00**	**8.71**	**7.46**	**4.14**	**1.32**
0.15		0.61	0.28	0.83	0.01	0.22	0.13	0.71	0.27	0.06
0.15		0.60	[illegible]	0.83		0.38	0.32	0.58	0.27	0.05
		0.01	0.25			–0.15	–0.17	0.10		0.01
						0.00	–0.01	0.02		0.01
0.10	0.38	0.73	0.71		0.04	0.49	0.62	1.38	0.54	0.22
	0.21	0.15	0.07			–0.23	–0.25	0.14	0.01	0.04
0.10	0.17	0.58	0.63		0.04	0.72	0.87	1.24	0.53	0.18
0.22	1.68	3.22	0.78	0.00	0.18	0.87	1.13	4.59	0.51	0.96
0.01		0.28	0.02			0.01	0.01	0.21	0.01	0.05
0.02		0.24	0.01			–0.17	–0.09	0.70	0.04	0.20
	0.01	0.01						0.01		
0.01		0.05	0.01			0.01	0.01	0.04	0.02	0.01
0.01	0.05	0.04				0.27	0.26	0.07	0.06	0.01
0.17	1.62	2.60	0.72	0.00	0.18	0.75	0.95	3.57	0.38	0.69
1.11	0.27	1.71	1.67	0.61	0.01	3.42	6.82	0.79	2.82	0.09
0.16	0.08	0.36	0.10	0.01		0.09	0.31	0.20	0.41	0.03
	0.04	0.08	–0.01			0.37	0.34	0.08	0.03	0.01
0.95	0.15	1.27	1.59	0.60	0.01	2.96	6.18	0.50	2.38	0.05

4-41 规模以上居民服务、修理和

行　　业	代码	固定资产原价（亿元）	累计折旧（亿元）	资产总计（亿元）	负债合计（亿元）	所有者权益合计（亿元）	营业收入（亿元）	营业成本（亿元）
总　计		**8.55**	**2.58**	**515.38**	**330.21**	**185.16**	**21.51**	**13.08**
居民服务业	80	5.61	1.40	17.90	11.81	6.09	9.31	5.17
家庭服务	801	0.03	0.01	0.25	0.09	0.16	0.84	0.65
托儿所服务	802			0.11	0.09	0.02	0.10	0.07
洗染服务	803	0.19	0.06	0.27	0.06	0.21	0.24	0.13
理发及美容服务	804			0.08	0.01	0.07	0.10	0.08
洗浴和保健养生服务	805	2.04	0.34	5.31	3.21	2.10	1.58	0.78
摄影扩印服务	806	0.28	0.22	1.56	1.68	−0.12	0.82	0.38
殡葬服务	808	2.81	0.67	8.40	5.67	2.72	3.75	2.21
其他居民服务业	809	0.24	0.11	1.91	0.97	0.94	1.87	0.87
机动车、电子产品和日用产品修理业	81	1.65	0.72	495.43	317.15	178.28	9.11	5.72
汽车、摩托车等修理与维护	811	1.64	0.71	495.33	317.10	178.23	8.43	5.22
计算机和办公设备维修	812			0.06	0.04	0.02	0.62	0.47
家用电器修理	813			0.03	0.01	0.03	0.05	0.03
其他服务业	82	1.30	0.46	2.05	1.26	0.79	3.09	2.20
清洁服务	821	1.30	0.46	2.05	1.26	0.79	3.09	2.20

其他服务业企业法人单位主要指标

税金及附加（亿元）	经营费用（销售费用）（亿元）	管理费用（亿元）	财务费用（亿元）	投资收益（损失以“–”号记）（亿元）	其他收益（亿元）	营业利润（亿元）	利润总额（亿元）	应付职工薪酬（本年贷方累计发生额）（亿元）	应缴增值税（亿元）	平均用工人数（万人）
0.16	**2.23**	**3.14**	**1.70**	**0.09**	**0.04**	**1.39**	**1.47**	**5.19**	**0.60**	**1.24**
0.05	1.39	1.60	0.27	0.01		0.84	0.86	2.28	0.27	0.52
		0.15				0.03	0.03	0.62	0.01	0.16
		0.03						0.05		0.02
	0.01	0.10						0.08		0.02
						0.02	0.02	0.01		
0.01	0.37	0.37	0.05			0.01	0.01	0.47	0.04	0.12
	0.31	0.08	0.08			–0.02	–0.02	0.37	0.02	0.07
0.02	0.15	0.61	0.13			0.64	0.63	0.28	0.05	0.04
0.02	0.55	0.27	0.01	0.01		0.17	0.19	0.41	0.15	0.08
0.07	0.55	0.95	1.43	0.08	0.04	0.51	0.52	1.67	0.20	0.37
0.07	0.41	0.92	1.42	0.08	0.04	0.50	0.52	1.10	0.17	0.29
	0.13	0.02						0.53	0.03	0.07
	0.01	0.01						0.04		0.01
0.04	0.28	0.58	0.01			0.04	0.09	1.24	0.13	0.35
0.04	0.28	0.58	0.01			0.04	0.09	1.24	0.13	0.35

4-42 规模以上教育企业

行 业	代码	固定资产原价（亿元）	累计折旧（亿元）	资产总计（亿元）	负债合计（亿元）	所有者权益合计（亿元）	营业收入（亿元）	营业成本（亿元）
总 计		**7.82**	**3.81**	**11.50**	**8.64**	**2.86**	**6.49**	**3.31**
学前教育	831	0.16	0.03	0.16	0.04	0.12	0.25	0.12
初等教育	832	0.39	0.15	3.27	3.15	0.12	0.60	0.32
中等教育	833	0.14	0.05	0.14	0.04	0.10	0.14	0.13
技能培训、教育辅助及其他教育	839	7.13	3.59	7.93	5.42	2.52	5.49	2.74

4-43 规模以上卫生和社会工

行 业	代码	固定资产原价（亿元）	累计折旧（亿元）	资产总计（亿元）	负债合计（亿元）	所有者权益合计（亿元）	营业收入（亿元）	营业成本（亿元）
总 计		**16.69**	**5.24**	**36.78**	**21.92**	**14.87**	**32.20**	**23.23**
卫生	84	13.43	5.03	24.36	11.18	13.18	32.10	23.17
医院	841	8.66	3.56	16.86	7.93	8.94	18.80	11.89
基层医疗卫生服务	842	1.30	0.13	1.39	0.50	0.89	0.87	0.64
专业公共卫生服务	843	2.57	1.03	4.06	1.71	2.35	9.21	8.49
其他卫生活动	849	0.90	0.32	2.04	1.04	1.00	3.23	2.15
社会工作	85	3.27	0.21	12.42	10.74	1.69	0.09	0.06
提供住宿社会工作	851	3.27	0.21	12.42	10.74	1.69	0.09	0.06

法人单位分行业主要指标

税金及附　加（亿元）	经营费用（销售费用）（亿元）	管理费用（亿元）	财务费用（亿元）	投资收益（损失以“–”号记）（亿元）	其他收益（亿元）	营业利润（亿元）	利润总额（亿元）	应付职工薪酬（本年贷方累计发生额）（亿元）	应　缴增值税（亿元）	平　　均用工人数（万人）
0.09	**0.61**	**2.35**	**0.04**			**0.09**	**0.05**	**2.08**	**0.16**	**0.50**
	0.01	0.03				0.08	0.08	0.12		0.05
	0.08	0.21	0.01			–0.02	–0.02	0.29		0.05
		0.03				–0.01	–0.01	0.06		0.01
0.09	0.52	2.08	0.03			0.04	–0.01	1.61	0.16	0.39

作企业法人单位分行业主要指标

税金及附　加（亿元）	经营费用（销售费用）（亿元）	管理费用（亿元）	财务费用（亿元）	投资收益（损失以“–”号记）（亿元）	其他收益（亿元）	营业利润（亿元）	利润总额（亿元）	应付职工薪酬（本年贷方累计发生额）（亿元）	应　缴增值税（亿元）	平　　均用工人数（万人）
0.11	**2.13**	**4.84**	**0.20**	**0.02**	**0.02**	**1.75**	**1.71**	**7.89**	**0.31**	**1.04**
0.10	2.10	4.30	0.17	0.02	0.02	2.33	2.25	7.61	0.31	1.00
0.05	1.57	3.42	0.09	0.02	0.01	1.82	1.73	5.28	0.01	0.75
	0.02	0.15	0.05			0.01	0.01	0.26		0.05
0.05	0.02	0.4[illegible]	0.02			0.17	0.17	1.19	0.27	0.10
	0.49	0.2[illegible]	0.01			0.33	0.34	0.88	0.03	0.10
0.01	0.03	0.53	0.04			–0.58	–0.54	0.28		0.04
0.01	0.03	0.[illegible]3	0.04			–0.58	–0.54	0.28		0.04

4-44 规模以上文化、体育

行业	代码	固定资产原价（亿元）	累计折旧（亿元）	资产总计（亿元）	负债合计（亿元）	所有者权益合计（亿元）	营业收入（亿元）	营业成本（亿元）
总计		**47.46**	**16.51**	**199.68**	**119.99**	**79.68**	**50.06**	**29.46**
新闻和出版业	86	11.46	6.93	99.61	46.18	53.42	23.28	14.96
新闻业	861	0.02	0.02	0.04	0.02	0.03	0.07	
出版业	862	11.44	6.92	99.56	46.17	53.40	23.21	14.96
广播、电视、电影和录音制作业	87	4.66	2.06	13.19	7.83	5.35	10.25	6.00
电视	872	0.24	0.11	1.12	0.16	0.96	2.01	0.45
影视节目制作	873	0.49	0.22	3.64	1.62	2.02	0.68	0.53
电影放映	876	3.93	1.74	8.43	6.05	2.38	7.56	5.02
文化艺术业	88	9.91	2.65	32.77	19.17	13.60	4.93	2.69
文艺创作与表演	881	3.54	1.58	10.17	7.08	3.09	1.33	1.12
艺术表演场馆	882	5.29	0.86	12.21	3.54	8.67	2.66	1.04
文物及非物质文化遗产保护	884	0.67	0.09	9.07	8.05	1.02	0.72	0.48
博物馆	885	0.04	0.03	0.52	0.03	0.48	0.12	
其他文化艺术业	889	0.37	0.08	0.80	0.46	0.34	0.10	0.04
体育	89	7.68	2.52	17.59	14.55	3.04	2.52	1.15
体育组织	891			0.61	0.18	0.44	0.14	0.16
体育场地设施管理	892	2.28	0.78	6.46	4.04	2.42	1.11	0.60
健身休闲活动	893	5.40	1.74	10.51	10.33	0.18	1.27	0.39
娱乐业	90	13.75	2.34	36.52	32.26	4.26	9.08	4.65
室内娱乐活动	901	1.23	0.26	2.24	1.18	1.06	4.07	2.29
游乐园	902	9.58	1.73	25.59	23.88	1.71	2.93	0.87
休闲观光活动	903	2.77	0.26	7.41	6.22	1.19	1.01	0.57
文化体育娱乐活动与经纪代理服务	905	0.11	0.09	0.85	0.64	0.21	0.97	0.84
其他娱乐业	909	0.07	0.01	0.43	0.34	0.10	0.09	0.09

和娱乐业法人单位主要指标

税金及附　加（亿元）	经营费用（销售费用）（亿元）	管理费用（亿元）	财务费用（亿元）	投资收益（损失以“–”号记）（亿元）	其他收益（亿元）	营业利润（亿元）	利润总额（亿元）	应付职工薪酬（本年贷方累计发生额）（亿元）	应　缴增值税（亿元）	平　均用工人数（万人）
0.72	**6.22**	**10.54**	**0.83**	**0.68**	**2.15**	**2.73**	**3.66**	**11.66**	**0.98**	**1.60**
0.27	1.53	4.19	0.19	0.58	1.24	1.54	1.86	5.02	0.58	0.37
		0.06				0.01	0.01	0.04		
0.27	1.53	4.13	0.19	0.58	1.24	1.53	1.85	4.98	0.58	0.36
0.25	1.41	1.15	0.04	–0.01	0.21	1.61	1.80	1.32	0.35	0.23
0.01		0.12	–0.02	–0.02		1.42	1.42	0.19	0.09	0.01
0.03	0.01	0.16			0.16	0.11	0.07	0.11	0.02	0.01
0.21	1.40	0.87	0.06		0.05	0.08	0.31	1.02	0.25	0.21
0.07	0.31	1.40	0.10	0.02	0.39	0.77	1.05	1.65	0.15	0.30
0.03	0.08	0.63			0.39	–0.13	0.15	0.85	0.03	0.17
0.03	0.18	0.37	0.02	0.02		1.04	1.04	0.51	0.06	0.07
0.01	0.02	0.29	0.09			–0.17	–0.16	0.23	0.06	0.04
	0.03	0.05				0.04	0.04	0.03		0.01
	0.01	0.06				–0.01	–0.01	0.02		0.01
0.02	0.44	1.16	0.13	0.10	0.13	–0.16	–0.13	1.07	0.06	0.20
	0.03	0.05				–0.13	–0.12	0.06		0.01
0.01	0.13	0.19	0.04	0.08	0.13	0.06	0.08	0.58	0.03	0.08
0.01	0.28	0.60	0.10	0.02		–0.09	–0.09	0.42	0.03	0.11
0.10	2.53	2.63	0.37		0.18	–1.04	–0.92	2.60	–0.17	0.50
0.05	0.89	0.65	0.01			0.18	0.20	0.81	0.06	0.19
0.03	1.43	1.33	0.32			–1.05	–1.10	1.15	–0.26	0.19
	0.10	0.35	0.04		0.02	–0.03	0.05	0.29	0.01	0.07
0.01	0.10	0.28			0.16	–0.12	–0.06	0.30	0.02	0.04
	0.01	0.02				–0.02	–0.02	0.05		0.01

第五篇

服务业行政事业及非企业法人单位

5-1　服务业行政事业及非企业法人单位分行业主要指标

行　业	代码	法人单位数（个）	资产总计（亿元）	非企业单位支出（费用）（亿元）	从业人员（万人）
总　计		**86213**	**8704.85**	**5866.89**	**187.64**
交通运输、仓储和邮政业	**G**	**426**	**368.67**	**29.07**	**0.93**
道路运输业	54	341	355.02	22.51	0.77
水上运输业	55	24	3.16	1.49	0.07
装卸搬运和仓储业	59	56	5.94	1.18	0.04
信息传输、软件和信息技术服务业	**I**	**470**	**61.66**	**15.84**	**0.50**
电信、广播电视和卫星传输服务	63	360	48.98	11.99	0.42
互联网和相关服务	64	47	1.26	0.64	0.01
软件和信息技术服务业	65	63	11.43	3.22	0.06
房地产业	**K**	**78**	**14.49**	**9.68**	**0.15**
物业管理	702	6	0.31	0.23	0.01
房地产中介服务	703	18	1.36	0.85	0.03
房地产租赁经营	704	8	1.39	0.23	0.02
其他房地产业	709	46	11.43	8.37	0.09
租赁和商务服务业	**L**	**1414**	**88.69**	**50.36**	**1.38**
商务服务业	72	1412	88.69	50.33	1.37
组织管理服务	721	424	25.19	18.55	0.51
综合管理服务	722	143	39.40	13.21	0.34
法律服务	723	331	0.91	0.89	0.09
咨询与调查	724	182	3.79	3.81	0.10
广告业	725	4	0.03	0.03	
人力资源服务	726	249	7.75	8.59	0.26
安全保护服务	727	7	0.01	0.02	0.01
会议、展览及相关服务	728	16	3.19	1.18	0.02
其他商务服务业	729	56	8.42	4.06	0.04
科学研究和技术服务业	**M**	**5491**	**258.74**	**156.71**	**4.25**
研究和试验发展	73	277	85.09	28.26	0.94
专业技术服务业	74	2478	144.95	105.87	2.38
科技推广和应用服务业	75	2736	28.71	22.59	0.92
水利、环境和公共设施管理业	**N**	**2051**	**274.67**	**197.38**	**5.22**
水利管理业	76	1323	122.04	19.80	0.80
防洪除涝设施管理	761	135	67.32	6.69	0.09
水资源管理	762	351	9.92	3.88	0.19

注：不含铁路运输业、金融业、房地产开发经营业；含保密单位；根据保密有关规定，单位数量小于3个，未列出数据，导致总计与分项之和不等

5-1 续表 1

行　业	代码	法人单位数（个）	资产总计（亿元）	非企业单位支出（费用）（亿元）	从业人员（万人）
天然水收集与分配	763	252	30.71	4.67	0.28
水文服务	764	24	2.26	0.71	0.03
其他水利管理业	769	561	11.83	3.85	0.21
生态保护和环境治理业	77	144	16.21	6.18	0.29
生态保护	771	125	15.78	5.99	0.28
环境治理业	772	19	0.44	0.18	0.01
公共设施管理业	78	505	95.60	157.05	4.06
市政设施管理	781	114	31.74	104.06	0.32
环境卫生管理	782	132	30.52	28.92	2.66
城乡市容管理	783	52	4.17	4.26	0.20
绿化管理	784	107	4.41	7.62	0.46
城市公园管理	785	49	18.97	9.87	0.32
游览景区管理	786	51	5.80	2.32	0.09
土地管理业	79	79	40.82	14.35	0.08
土地整治服务	791	23	6.13	3.44	0.02
土地调查评估服务	792	5	0.57	0.03	
土地登记服务	793	11	24.39	0.20	0.03
土地登记代理服务	794	11	3.15	0.04	
其他土地管理服务	799	29	6.57	10.65	0.02
居民服务、修理和其他服务业	**O**	**172**	**15.34**	**5.35**	**0.18**
居民服务业	80	135	9.77	4.04	0.16
机动车、电子产品和日用产品修理业	81	5	1.11	0.53	0.01
其他服务业	82	32	4.47	0.78	0.02
教育	**P**	**18416**	**2329.81**	**1077.52**	**68.01**
学前教育	831	6491	80.63	62.09	9.52
初等教育	832	8140	458.23	347.18	26.66
中等教育	833	2304	728.69	368.82	24.44
高等教育	834	100	941.01	243.62	5.40
特殊教育	835	86	4.54	2.74	0.22
技能培训、教育辅助及其他教育	839	1295	116.72	53.09	1.77
卫生和社会工作	**Q**	**4187**	**1411.88**	**1028.90**	**33.23**
卫生	84	3495	1391.84	1012.79	32.44
医院	841	357	1022.95	740.14	19.46
基层医疗卫生服务	842	1618	180.67	142.49	8.32
专业公共卫生服务	843	1487	187.62	129.29	4.55
其他卫生活动	849	33	0.60	0.86	0.11
社会工作	85	692	20.04	16.11	0.78
提供住宿社会工作	851	513	17.29	14.09	0.66
不提供住宿社会工作	852	179	2.75	2.02	0.12
文化、体育和娱乐业	**R**	**1680**	**96.71**	**42.05**	**1.98**
新闻和出版业	86	103	19.99	4.69	0.31

5-1　续表 2

行　业	代码	法人单位数（个）	资产总计（亿元）	非企业单位支出（费用）（亿元）	从业人员（万人）
新闻业	861	47	0.27	0.15	0.02
出版业	862	56	19.72	4.54	0.29
广播、电视、电影和录音制作业	87	237	14.14	7.06	0.32
广播	871	162	6.71	4.03	0.16
电视	872	39	6.75	2.65	0.13
影视节目制作	873	6	0.17	0.10	
广播电视集成播控	874	12	0.18	0.15	0.01
电影放映	876	14	0.24	0.09	0.01
录音制作	877	3	0.01	0.01	
文化艺术业	88	1123	49.71	23.98	1.11
文艺创作与表演	881	107	3.17	3.25	0.21
艺术表演场馆	882	7	0.16	0.17	0.01
图书馆与档案馆	883	228	15.11	7.13	0.25
文物及非物质文化遗产保护	884	100	8.48	3.11	0.09
博物馆	885	85	10.54	2.77	0.10
烈士陵园、纪念馆	886	25	4.28	0.92	0.04
群众文体活动	887	503	7.75	6.14	0.38
其他文化艺术业	889	68	0.23	0.49	0.03
体育	89	155	3.24	3.33	0.18
体育组织	891	99	1.60	2.19	0.13
体育场地设施管理	892	21	1.57	0.99	0.04
健身休闲活动	893	33	0.03	0.09	0.01
娱乐业	90	62	9.63	3.00	0.06
室内娱乐活动	901	7	0.02		
彩票活动	904	12	9.50	2.91	0.05
文化体育娱乐活动与经纪代理服务	905	40	0.11	0.09	0.01
公共管理、社会保障和社会组织	**S**	**51828**	**3784.16**	**3254.02**	**71.82**
中国共产党机关	91	1347	52.02	90.22	2.42
国家机构	92	21567	3333.25	2981.00	53.17
人民政协、民主党派	93	240	9.50	9.51	0.34
社会保障	94	849	11.03	70.44	0.63
群众团体、社会团体和其他成员组织	95	11525	120.00	54.47	3.78
基层群众自治组织及其他组织	96	16300	258.36	48.38	11.48

5-2 交通运输、仓储和邮政业行政事业及非企业法人单位分地区主要指标

地　区	代码	法人单位数（个）	资产总计（亿元）	非企业单位支出（费用）（亿元）	从业人员（人）
广西壮族自治区	**45**	**426**	**368.67**	**29.07**	**9291**
南宁市	4501	38	332.56	6.40	1535
柳州市	4502	4	0.57	0.65	100
桂林市	4503	49	6.39	3.52	1049
梧州市	4504	14	1.55	0.87	430
北海市	4505	8	0.64	0.86	261
防城港市	4506	17	3.02	1.16	309
钦州市	4507	35	3.34	2.39	763
贵港市	4508	32	0.87	1.10	305
玉林市	4509	68	7.90	1.68	928
百色市	4510	64	5.51	4.96	1327
贺州市	4511	19	0.88	0.86	334
河池市	4512	37	2.42	1.63	699
来宾市	4513	24	1.71	1.29	704
崇左市	4514	17	1.30	1.71	547

注：不含铁路运输业

5-3　信息传输、软件和信息技术服务业行政事业及非企业法人单位分地区主要指标

地　区	代码	法人单位数（个）	资产总计（亿元）	非企业单位支出（费用）（亿元）	从业人员（人）
广西壮族自治区	**45**	**470**	**61.66**	**15.84**	**4989**
南宁市	4501	62	47.94	10.84	2517
柳州市	4502	47	5.71	1.18	696
桂林市	4503	72	1.95	1.03	270
梧州市	4504	32	0.15	0.09	86
北海市	4505	9	0.40	0.20	121
防城港市	4506	8	0.45	0.15	84
钦州市	4507	17	0.26	0.09	72
贵港市	4508	15	0.28	0.14	113
玉林市	4509	10	1.10	0.54	255
百色市	4510	43	0.68	0.33	120
贺州市	4511	45	0.21	0.17	149
河池市	4512	35	1.10	0.38	183
来宾市	4513	27	0.59	0.16	97
崇左市	4514	48	0.86	0.51	226

5-4 租赁和商务服务业行政事业及非企业法人单位分地区主要指标

地 区	代码	法人单位数（个）	资产总计（亿元）	非企业单位支出（费用）（亿元）	从业人员（人）
广西壮族自治区	**45**	**1414**	**88.69**	**50.36**	**13765**
南宁市	4501	199	18.17	12.15	2750
柳州市	4502	128	5.70	3.98	1134
桂林市	4503	182	8.34	5.05	2159
梧州市	4504	87	2.17	1.13	846
北海市	4505	39	22.67	5.29	327
防城港市	4506	32	1.71	0.90	342
钦州市	4507	86	4.53	1.12	379
贵港市	4508	101	5.17	3.30	1107
玉林市	4509	76	4.04	1.75	818
百色市	4510	132	3.00	6.70	737
贺州市	4511	62	2.77	3.32	907
河池市	4512	154	3.74	2.35	849
来宾市	4513	68	5.45	1.73	526
崇左市	4514	68	1.22	1.59	884

5-5 科学研究和技术服务业行政事业及非企业法人单位分地区主要指标

地 区	代码	法人单位数（个）	资产总计（亿元）	非企业单位支出（费用）（亿元）	从业人员（人）
广西壮族自治区	**45**	**5491**	**258.74**	**156.71**	**42453**
南宁市	4501	520	102.78	41.58	12745
柳州市	4502	447	23.28	13.90	4425
桂林市	4503	629	38.49	36.46	5637
梧州市	4504	225	7.12	1.81	1124
北海市	4505	123	10.33	8.97	1660
防城港市	4506	149	5.24	12.79	901
钦州市	4507	294	11.79	3.91	2015
贵港市	4508	344	8.63	4.49	2387
玉林市	4509	490	9.77	5.94	3039
百色市	4510	553	5.56	4.27	1333
贺州市	4511	312	17.86	11.55	945
河池市	4512	696	4.92	2.39	1050
来宾市	4513	278	1.79	2.20	883
崇左市	4514	431	11.18	6.48	4309

5-6 水利、环境和公共设施管理业行政事业及非企业业法人单位分地区主要指标

地区	代码	法人单位数（个）	资产总计（亿元）	非企业单位支出（费用）（亿元）	从业人员（人）
广西壮族自治区	**45**	**2051**	**274.67**	**197.38**	**52250**
南宁市	4501	232	42.68	125.27	14885
柳州市	4502	155	49.00	12.62	5985
桂林市	4503	241	43.45	13.87	5386
梧州市	4504	77	23.74	1.10	754
北海市	4505	45	16.57	5.96	2381
防城港市	4506	74	5.97	4.28	2276
钦州市	4507	90	4.05	3.06	2125
贵港市	4508	124	11.35	5.38	3139
玉林市	4509	202	13.93	6.52	3933
百色市	4510	190	10.96	7.04	4271
贺州市	4511	110	3.44	2.26	1164
河池市	4512	250	11.24	3.78	3432
来宾市	4513	97	10.85	2.18	883
崇左市	4514	164	27.45	4.04	1636

5-7　居民服务、修理和其他服务业行政事业及非企业法人单位分地区主要指标

地　　区	代码	法人单位数（个）	资产总计（亿元）	非企业单位支出（费用）（亿元）	从业人员（人）
广西壮族自治区	**45**	**172**	**15.34**	**5.35**	**1800**
南宁市	4501	31	2.44	1.44	525
柳州市	4502	24	1.69	0.38	226
桂林市	4503	27	5.25	0.34	146
梧州市	4504	13	1.34	0.56	60
北海市	4505	6	0.61	0.32	110
防城港市	4506	2			7
钦州市	4507	6	0.58	0.27	132
贵港市	4508	13	0.40	0.33	130
玉林市	4509	8	1.63	0.51	134
百色市	4510	12	0.39	0.75	104
贺州市	4511	4	0.22	0.10	45
河池市	4512	13	0.29	0.15	66
来宾市	4513	8	0.21	0.09	79
崇左市	4514	5	0.28	0.09	36

5-8 教育行政事业及非企业法人单位分地区主要指标

地　区	代码	法人单位数（个）	资产总计（亿元）	非企业单位支出（费用）（亿元）	从业人员（人）
广西壮族自治区	**45**	**18416**	**2329.81**	**1077.52**	**680085**
南宁市	4501	2898	805.33	296.63	128107
柳州市	4502	1106	148.73	85.41	51524
桂林市	4503	1408	301.65	135.72	63823
梧州市	4504	1338	179.69	55.12	40830
北海市	4505	772	62.53	34.20	25780
防城港市	4506	324	15.84	16.00	13858
钦州市	4507	1172	93.48	57.35	40200
贵港市	4508	2038	146.72	70.54	61924
玉林市	4509	2843	127.92	84.68	78066
百色市	4510	1017	163.77	69.78	47500
贺州市	4511	990	55.34	40.12	31207
河池市	4512	942	95.85	59.84	43233
来宾市	4513	788	56.29	35.43	27062
崇左市	4514	780	76.67	36.69	26971

5-9　卫生和社会工作行政事业及非企业法人单位分地区主要指标

地　区	代码	法人单位数（个）	资产总计（亿元）	非企业单位支出（费用）（亿元）	从业人员（人）
广西壮族自治区	**45**	**4187**	**1411.88**	**1028.90**	**332262**
南宁市	4501	455	340.30	274.65	63792
柳州市	4502	407	121.62	116.05	36248
桂林市	4503	491	124.40	108.38	32945
梧州市	4504	212	76.78	55.68	21152
北海市	4505	101	40.58	29.93	10988
防城港市	4506	106	17.83	14.39	6201
钦州市	4507	185	83.70	53.60	20960
贵港市	4508	253	77.26	60.40	23118
玉林市	4509	347	167.25	89.25	31109
百色市	4510	471	104.89	69.21	23251
贺州市	4511	223	43.43	29.71	11570
河池市	4512	470	89.14	60.66	23529
来宾市	4513	202	53.05	33.76	13990
崇左市	4514	264	71.64	33.24	13409

5-10 文化、体育和娱乐业行政事业及非企业法人单位分地区主要指标

地　区	代码	法人单位数（个）	资产总计（亿元）	非企业单位支出（费用）（亿元）	从业人员（人）
广西壮族自治区	**45**	**1680**	**96.71**	**42.05**	**19773**
南宁市	4501	335	51.11	18.45	8370
柳州市	4502	155	5.38	3.65	1487
桂林市	4503	182	9.82	4.91	1905
梧州市	4504	61	4.20	1.06	634
北海市	4505	52	1.92	1.29	699
防城港市	4506	60	1.37	0.87	425
钦州市	4507	57	1.84	0.73	373
贵港市	4508	79	2.60	1.05	719
玉林市	4509	155	5.47	2.39	1512
百色市	4510	136	4.97	3.13	1248
贺州市	4511	51	0.87	0.86	532
河池市	4512	171	4.04	1.24	661
来宾市	4513	78	1.72	0.85	651
崇左市	4514	108	1.40	1.58	557

5-11　公共管理、社会保障和社会组织行政事业及非企业法人单位分地区主要指标

地　　区	代码	法人单位数（个）	资产总计（亿元）	非企业单位支出（费用）（亿元）	从业人员（人）
广西壮族自治区	**45**	**51828**	**3784.16**	**3254.02**	**718213**
南宁市	4501	6059	944.02	706.59	125415
柳州市	4502	4217	437.86	361.58	70279
桂林市	4503	6112	289.56	258.67	78132
梧州市	4504	3001	281.84	134.32	43397
北海市	4505	1527	142.58	104.69	24190
防城港市	4506	1674	105.18	98.58	19699
钦州市	4507	2773	144.59	120.27	31833
贵港市	4508	3009	202.27	200.44	39843
玉林市	4509	4193	230.76	190.77	58280
百色市	4510	5507	308.26	286.04	64306
贺州市	4511	2768	128.52	157.56	36438
河池市	4512	5371	299.74	256.80	56525
来宾市	4513	2658	104.99	170.10	32432
崇左市	4514	2959	164.00	207.60	37444

第六篇

企业信息化和电子商务交易情况

6-1 分行业企业使用计算机情况

行　　业	代码	企业数（个）	使用计算机的企业		期末在用计算机数（台）	每百人拥有计算机数量（台）
			数量（个）	比重（%）		
总　计		**17285**	**17223**	**99.6**	**721030**	**24**
采矿业	**B**	**240**	**237**	**98.8**	**7479**	**18**
煤炭开采和洗选业	06	13	13	100	1639	26
石油和天然气开采业	07	1	1	100	33	27
黑色金属矿采选业	08	22	22	100	910	15
有色金属矿采选业	09	58	58	100	3350	23
非金属矿采选业	10	144	141	97.9	1537	11
开采专业及辅助性活动	11					
其他采矿业	12	2	2	100	10	5
制造业	**C**	**5217**	**5194**	**99.6**	**206793**	**19**
农副食品加工业	13	520	520	100	18924	18
食品制造业	14	142	142	100	5017	20
酒、饮料和精制茶制造业	15	139	139	100	5153	16
烟草制品业	16	2	2	100	2000	58
纺织业	17	134	134	100	2335	6
纺织服装、服饰业	18	52	51	98.1	850	6
皮革、毛皮、羽毛及其制品和制鞋业	19	71	70	98.6	1364	7
木材加工和木、竹、藤、棕、草制品业	20	843	841	99.8	5904	5
家具制造业	21	49	49	100	815	14
造纸和纸制品业	22	150	150	100	5054	19
印刷和记录媒介复制业	23	63	63	100	1913	27
文教、工美、体育和娱乐用品制造业	24	77	77	100	1153	4
石油、煤炭及其他燃料加工业	25	20	20	100	3171	68
化学原料和化学制品制造业	26	373	370	99.2	9344	18
医药制造业	27	150	149	99.3	9469	31
化学纤维制造业	28					
橡胶和塑料制品业	29	143	143	100	2849	11
非金属矿物制品业	30	873	866	99.2	16942	13
黑色金属冶炼和压延加工业	31	138	136	98.6	9515	19
有色金属冶炼和压延加工业	32	104	103	99	11364	26
金属制品业	33	155	155	100	3973	19
通用设备制造业	34	103	102	99	11450	49
专用设备制造业	35	147	147	100	12810	39

6-1　续表 1

行　　业	代码	企业数（个）	使用计算机的企业		期末在用计算机数（台）	每百人拥有计算机数量（台）
			数量（个）	比重（%）		
汽车制造业	36	351	351	100	37856	30
电气机械和器材制造业	38	144	142	98.6	7491	23
计算机、通信和其他电子设备制造业	39	142	141	99.3	16078	19
仪器仪表制造业	40	29	29	100	1542	30
其他制造业	41	10	10	100	204	15
废弃资源综合利用业	42	44	44	100	540	8
金属制品、机械和设备修理业	43	7	7	100	996	31
电力、热力、燃气及水生产和供应业	**D**	**279**	**279**	**100**	**67629**	**72**
电力、热力生产和供应业	44	202	202	100	61621	77
燃气生产和供应业	45	25	25	100	1688	49
水的生产和供应业	46	52	52	100	4320	43
建筑业	**E**	**1475**	**1465**	**99.3**	**79157**	**9**
房屋建筑业	47	932	926	99.4	45346	6
土木工程建筑业	48	316	316	100	26191	21
建筑安装业	49	117	115	98.3	4528	23
建筑装饰、装修和其他建筑业	50	110	108	98.2	3092	23
批发和零售业	**F**	**3884**	**3877**	**99.8**	**100892**	**49**
批发业	51	1516	1514	99.9	44120	58
零售业	52	2368	2363	99.8	56772	44
交通运输、仓储和邮政业	**G**	**717**	**716**	**99.9**	**39902**	**29**
铁路运输业	53	1	1	100	325	6
道路运输业	54	453	452	99.8	19108	24
水上运输业	55	65	65	100	1255	20
航空运输业	56	5	5	100	2736	37
管道运输业	57					
多式联运和运输代理业	58	52	52	100	1760	61
装卸搬运和仓储业	59	111	111	100	4435	29
邮政业	60	30	30	100	10283	43
住宿和餐饮业	**H**	**962**	**959**	**99.7**	**22133**	**28**
住宿业	61	623	621	99.7	18315	37
餐饮业	62	339	338	99.7	3818	13

6-1 续表 2

行业	代码	企业数（个）	使用计算机的企业		期末在用计算机数（台）	每百人拥有计算机数量（台）
			数量（个）	比重（%）		
信息传输、软件和信息技术服务业	**I**	**164**	**164**	**100**	**66306**	**115**
电信、广播电视和卫星传输服务	63	62	62	100	57358	145
互联网和相关服务	64	11	11	100	1149	63
软件和信息技术服务业	65	91	91	100	7799	47
房地产业	**K**	**2807**	**2796**	**99.6**	**63187**	**44**
房地产业	70	2807	2796	99.6	63187	44
租赁和商务服务业	**L**	**701**	**700**	**99.9**	**22869**	**14**
租赁业	71	29	29	100	592	37
商务服务业	72	672	671	99.9	22277	14
科学研究和技术服务业	**M**	**239**	**238**	**99.6**	**23355**	**64**
研究和试验发展	73	2	2	100	147	84
专业技术服务业	74	221	220	99.5	22613	63
科技推广和应用服务业	75	16	16	100	595	77
水利、环境和公共设施管理业	**N**	**112**	**111**	**99.1**	**3304**	**25**
水利管理业	76	5	5	100	417	72
生态保护和环境治理业	77	17	17	100	482	22
公共设施管理业	78	75	74	98.7	1704	18
土地管理业	79	15	15	100	701	87
居民服务、修理和其他服务业	**O**	**148**	**148**	**100**	**2174**	**18**
居民服务业	80	52	52	100	998	19
机动车、电子产品和日用产品修理业	81	65	65	100	751	21
其他服务业	82	31	31	100	425	13
教育	**P**	**64**	**64**	**100**	**2846**	**57**
教育	83	64	64	100	2846	57
卫生和社会工作	**Q**	**91**	**91**	**100**	**5414**	**52**
卫生	84	88	88	100	5081	51
社会工作	85	3	3	100	333	93
文化、体育和娱乐业	**R**	**185**	**184**	**99.5**	**7590**	**47**
新闻和出版业	86	17	17	100	3557	97
广播、电视、电影和录音制作业	87	59	59	100	1047	44
文化艺术业	88	25	25	100	718	24
体育	89	16	16	100	504	26
娱乐业	90	68	67	98.5	1764	35

6-2　分地区企业使用计算机情况

地　　区	代码	企业数（个）	使用计算机的企业		期末在用计算机数（台）	每百人拥有计算机数量（台）
			数量（个）	比重（%）		
广西壮族自治区	**45**	**17285**	**17223**	**99.6**	**721030**	**24**
南宁市	4501	3760	3748	99.7	262366	32
柳州市	4502	2143	2133	99.5	114526	21
桂林市	4503	1946	1942	99.8	66538	23
梧州市	4504	1036	1031	99.5	25732	19
北海市	4505	780	778	99.7	29538	27
防城港市	4506	619	617	99.7	19020	27
钦州市	4507	907	906	99.9	24785	11
贵港市	4508	1063	1060	99.7	22747	14
玉林市	4509	1316	1311	99.6	47388	17
百色市	4510	1178	1170	99.3	35228	29
贺州市	4511	505	503	99.6	15523	29
河池市	4512	718	714	99.4	23005	24
来宾市	4513	530	529	99.8	17002	24
崇左市	4514	784	781	99.6	17632	26

6-3 分行业企

行业	代码	企业数（个）	使用信息化管理的企业		财务管理		购销
			数量（个）	比重（%）	数量（个）	占使用信息化管理企业比重（%）	数量（个）
总　计		**17285**	**16626**	**96.19**	**14518**	**87.32**	**7232**
采矿业	**B**	**240**	**228**	**95.00**	**201**	**88.16**	**89**
煤炭开采和洗选业	06	13	13	100.00	12	92.31	6
石油和天然气开采业	07	1	1	100.00	1	100.00	
黑色金属矿采选业	08	22	22	100.00	20	90.91	7
有色金属矿采选业	09	58	56	96.55	51	91.07	21
非金属矿采选业	10	144	134	93.06	115	85.82	54
其他采矿业	12	2	2	100.00	2	100.00	1
制造业	**C**	**5217**	**5022**	**96.26**	**4433**	**88.27**	**2680**
农副食品加工业	13	520	500	96.15	445	89.00	317
食品制造业	14	142	141	99.30	134	95.04	85
酒、饮料和精制茶制造业	15	139	134	96.40	124	92.54	76
烟草制品业	16	2	2	100.00	2	100.00	2
纺织业	17	134	131	97.76	114	87.02	51
纺织服装、服饰业	18	52	49	94.23	43	87.76	13
皮革、毛皮、羽毛及其制品和制鞋业	19	71	60	84.51	56	93.33	16
木材加工和木、竹、藤、棕、草制品业	20	843	794	94.19	672	84.63	296
家具制造业	21	49	45	91.84	37	82.22	18
造纸和纸制品业	22	150	146	97.33	123	84.25	87
印刷和记录媒介复制业	23	63	62	98.41	55	88.71	38
文教、工美、体育和娱乐用品制造业	24	77	75	97.40	60	80.00	25
石油、煤炭及其他燃料加工业	25	20	20	100.00	19	95.00	17
化学原料和化学制品制造业	26	373	365	97.86	318	87.12	186
医药制造业	27	150	149	99.33	134	89.93	85
化学纤维制造业	28						
橡胶和塑料制品业	29	143	138	96.50	128	92.75	79
非金属矿物制品业	30	873	829	94.96	698	84.20	416
黑色金属冶炼和压延加工业	31	138	133	96.38	123	92.48	70
有色金属冶炼和压延加工业	32	104	101	97.12	93	92.08	56
金属制品业	33	155	152	98.06	136	89.47	83
通用设备制造业	34	103	102	99.03	94	92.16	73
专用设备制造业	35	147	142	96.60	132	92.96	95

业信息化管理情况

存管理	生产制造管理		物流配送管理		客户关系管理		人力资源管理		其他	
占使用信息化管理企业比重（%）	数量（个）	占使用信息化管理企业比重（%）	数量（个）	占使用信息化管理企业比重（%）	数量（个）	占使用信息化管理企业比重（%）	数量（个）	占使用信息化管理企业比重（%）	数量（个）	占使用信息化管理企业比重（%）
43.50	**2600**	**15.64**	**1651**	**9.93**	**5221**	**31.40**	**5507**	**33.12**	**3995**	**24.03**
39.04	**38**	**16.67**	**8**	**3.51**	**51**	**22.37**	**49**	**21.49**	**56**	**24.56**
46.15	6	46.15	2	15.38	2	15.38	3	23.08	2	15.38
	1	100.00								
31.82	2	9.09			8	36.36	5	22.73	8	36.36
37.50	11	19.64	1	1.79	12	21.43	22	39.29	10	17.86
40.30	18	13.43	5	3.73	29	21.64	19	14.18	35	26.12
50.00									1	50.00
53.37	**1825**	**36.34**	**698**	**13.90**	**1470**	**29.27**	**1625**	**32.36**	**982**	**19.55**
63.40	203	40.60	73	14.60	159	31.80	224	44.80	98	19.60
60.28	44	31.21	29	20.57	44	31.21	46	32.62	18	12.77
56.72	48	35.82	34	25.37	44	32.84	47	35.07	25	18.66
100.00	2	100.00	2	100.00	2	100.00	2	100.00	1	50.00
38.93	46	35.11	9	6.87	33	25.19	39	29.77	36	27.48
26.53	9	18.37	2	4.08	11	22.45	14	28.57	6	12.24
26.67	12	20.00	2	3.33	7	11.67	13	21.67	8	13.33
37.28	161	20.28	43	5.42	198	24.94	129	16.25	168	21.16
40.00	9	20.00	2	4.44	10	22.22	8	17.78	8	17.78
59.59	52	35.62	11	7.53	42	28.77	47	32.19	36	24.66
61.29	25	40.32	8	12.90	23	37.10	19	30.65	10	16.13
33.33	20	26.67	5	6.67	32	42.67	22	29.33	12	16.00
85.00	9	45.00	5	25.00	8	40.00	12	60.00	6	30.00
50.96	117	32.05	51	13.97	106	29.04	120	32.88	84	23.01
57.05	53	35.57	24	16.11	45	30.20	50	33.56	25	16.78
57.25	35	25.36	8	5.80	46	33.33	44	31.88	28	20.29
50.18	385	46.44	100	12.06	231	27.86	241	29.07	171	20.63
52.63	42	31.58	15	11.28	31	23.31	35	26.32	29	21.80
55.45	43	42.57	12	11.88	25	24.75	44	43.56	24	23.76
54.61	46	30.26	20	13.16	38	25.00	47	30.92	27	17.76
71.57	47	46.08	24	23.53	45	44.12	45	44.12	14	13.73
66.90	63	44.37	26	18.31	52	36.62	65	45.77	25	17.61

6-3 续表 1

行业	代码	企业数（个）	使用信息化管理的企业		财务管理		购销
			数量（个）	比重（%）	数量（个）	占使用信息化管理企业比重（%）	数量（个）
汽车制造业	36	351	345	98.29	317	91.88	233
铁路、船舶、航空航天和其他运输设备制造业	37	42	41	97.62	37	90.24	16
电气机械和器材制造业	38	144	139	96.53	127	91.37	104
计算机、通信和其他电子设备制造业	39	142	139	97.89	130	93.53	102
仪器仪表制造业	40	29	28	96.55	25	89.29	16
其他制造业	41	10	10	100.00	9	90.00	8
废弃资源综合利用业	42	44	43	97.73	43	100.00	13
金属制品、机械和设备修理业	43	7	7	100.00	5	71.43	4
电力、热力、燃气及水生产和供应业	**D**	**279**	**278**	**99.64**	**260**	**93.53**	**107**
电力、热力生产和供应业	44	202	201	99.50	185	92.04	68
燃气生产和供应业	45	25	25	100.00	24	96.00	18
水的生产和供应业	46	52	52	100.00	51	98.08	21
建筑业	**E**	**1475**	**1396**	**94.64**	**1226**	**87.82**	**229**
房屋建筑业	47	932	890	95.49	779	87.53	120
土木工程建筑业	48	316	296	93.67	272	91.89	68
建筑安装业	49	117	109	93.16	94	86.24	30
建筑装饰、装修和其他建筑业	50	110	101	91.82	81	80.20	11
批发和零售业	**F**	**3884**	**3741**	**96.32**	**3180**	**85.00**	**2530**
批发业	51	1516	1449	95.58	1301	89.79	905
零售业	52	2368	2292	96.79	1879	81.98	1625
交通运输、仓储和邮政业	**G**	**717**	**686**	**95.68**	**581**	**84.69**	**111**
铁路运输业	53	1	1	100.00	1	100.00	
道路运输业	54	453	432	95.36	368	85.19	52
水上运输业	55	65	64	98.46	43	67.19	3
航空运输业	56	5	5	100.00	5	100.00	
多式联运和运输代理业	58	52	49	94.23	42	85.71	9
装卸搬运和仓储业	59	111	105	94.59	97	92.38	36
邮政业	60	30	30	100.00	25	83.33	11
住宿和餐饮业	**H**	**962**	**923**	**95.95**	**779**	**84.40**	**396**
住宿业	61	623	601	96.47	517	86.02	245
餐饮业	62	339	322	94.99	262	81.37	151

存管理	生产制造管理		物流配送管理		客户关系管理		人力资源管理		其他	
占使用信息化管理企业比重（%）	数量（个）	占使用信息化管理企业比重（%）	数量（个）	占使用信息化管理企业比重（%）	数量（个）	占使用信息化管理企业比重（%）	数量（个）	占使用信息化管理企业比重（%）	数量（个）	占使用信息化管理企业比重（%）
67.54	168	48.70	120	34.78	107	31.01	134	38.84	52	15.07
39.02	16	39.02	7	17.07	15	36.59	19	46.34	8	19.51
74.82	61	43.88	27	19.42	52	37.41	63	45.32	31	22.30
73.38	84	60.43	29	20.86	47	33.81	72	51.80	23	16.55
57.14	11	39.29			6	21.43	8	28.57	2	7.14
80.00	4	40.00	3	30.00	3	30.00	5	50.00	1	10.00
30.23	6	13.95	5	11.63	6	13.95	8	18.60	4	9.30
57.14	4	57.14	2	28.57	2	28.57	3	42.86	2	28.57
38.49	**116**	**41.73**	**16**	**5.76**	**68**	**24.46**	**156**	**56.12**	**56**	**20.14**
33.83	87	43.28	11	5.47	36	17.91	114	56.72	38	18.91
72.00	10	40.00	3	12.00	12	48.00	20	80.00	6	24.00
40.38	19	36.54	2	3.85	20	38.46	22	42.31	12	23.08
16.40	**130**	**9.31**	**32**	**2.29**	**313**	**22.42**	**494**	**35.39**	**469**	**33.60**
13.48	83	9.33	13	1.46	197	22.13	302	33.93	301	33.82
22.97	28	9.46	14	4.73	78	26.35	121	40.88	100	33.78
27.52	14	12.84	4	3.67	15	13.76	37	33.94	38	34.86
10.89	5	4.95	1	0.99	23	22.77	34	33.66	30	29.70
67.63	**139**	**3.72**	**580**	**15.50**	**1386**	**37.05**	**1019**	**27.24**	**734**	**19.62**
62.46	50	3.45	243	16.77	472	32.57	356	24.57	283	19.53
70.90	89	3.88	337	14.70	914	39.88	663	28.93	451	19.68
16.18	**42**	**6.12**	**163**	**23.76**	**164**	**23.91**	**235**	**34.26**	**202**	**29.45**
12.04	31	7.13	101	23.38	102	23.61	141	32.64	133	30.79
4.69	3	4.69	9	14.06	11	17.19	11	17.19	30	46.88
			2	40.00	1	20.00	5	100.00		
18.37	1	2.04	12	24.49	18	36.73	23	46.94	12	24.49
34.29	4	3.81	14	13.33	17	16.19	35	33.33	21	20.00
36.67	3	10.00	25	83.33	15	50.00	20	66.67	6	20.00
42.90	**35**	**3.79**	**34**	**3.68**	**364**	**39.44**	**304**	**32.94**	**273**	**29.58**
40.77	18	3.00	15	2.50	284	47.25	236	39.27	200	33.28
46.89	17	5.28	19	5.90	80	24.84	68	21.12	73	22.67

6-3 续表 2

行　业	代码	企业数（个）	使用信息化管理的企业		财务管理		购销
			数量（个）	比重（%）	数量（个）	占使用信息化管理企业比重（%）	数量（个）
信息传输、软件和信息技术服务业	**I**	**164**	**163**	**99.39**	**147**	**90.18**	**96**
电信、广播电视和卫星传输服务	63	62	62	100.00	59	95.16	48
互联网和相关服务	64	11	11	100.00	11	100.00	5
软件和信息技术服务业	65	91	90	98.90	77	85.56	43
房地产业	**K**	**2807**	**2708**	**96.47**	**2435**	**89.92**	**677**
房地产业	70	2807	2708	96.47	2435	89.92	677
租赁和商务服务业	**L**	**701**	**668**	**95.29**	**595**	**89.07**	**88**
租赁业	71	29	26	89.66	25	96.15	2
商务服务业	72	672	642	95.54	570	88.79	86
科学研究和技术服务业	**M**	**239**	**230**	**96.23**	**198**	**86.09**	**25**
研究和试验发展	73	2	2	100.00	2	100.00	1
专业技术服务业	74	221	213	96.38	185	86.85	20
科技推广和应用服务业	75	16	15	93.75	11	73.33	4
水利、环境和公共设施管理业	**N**	**112**	**107**	**95.54**	**94**	**87.85**	**28**
水利管理业	76	5	5	100.00	5	100.00	
生态保护和环境治理业	77	17	17	100.00	15	88.24	4
公共设施管理业	78	75	70	93.33	61	87.14	24
土地管理业	79	15	15	100.00	13	86.67	
居民服务、修理和其他服务业	**O**	**148**	**144**	**97.30**	**115**	**79.86**	**54**
居民服务业	80	52	51	98.08	46	90.20	17
机动车、电子产品和日用产品修理业	81	65	63	96.92	45	71.43	34
其他服务业	82	31	30	96.77	24	80.00	3
教育	**P**	**64**	**61**	**95.31**	**46**	**75.41**	**5**
教育	83	64	61	95.31	46	75.41	5
卫生和社会工作	**Q**	**91**	**90**	**98.90**	**76**	**84.44**	**45**
卫生	84	88	87	98.86	73	83.91	45
社会工作	85	3	3	100.00	3	100.00	
文化、体育和娱乐业	**R**	**185**	**181**	**97.84**	**152**	**83.98**	**72**
新闻和出版业	86	17	17	100.00	16	94.12	11
广播、电视、电影和录音制作业	87	59	57	96.61	50	87.72	28
文化艺术业	88	25	25	100.00	21	84.00	9
体育	89	16	16	100.00	15	93.75	3
娱乐业	90	68	66	97.06	50	75.76	21

存管理	生产制造管理		物流配送管理		客户关系管理		人力资源管理		其他	
占使用信息化管理企业比重（%）	数量（个）	占使用信息化管理企业比重（%）	数量（个）	占使用信息化管理企业比重（%）	数量（个）	占使用信息化管理企业比重（%）	数量（个）	占使用信息化管理企业比重（%）	数量（个）	占使用信息化管理企业比重（%）
58.90	**25**	**15.34**	**35**	**21.47**	**88**	**53.99**	**101**	**61.96**	**34**	**20.86**
77.42	12	19.35	24	38.71	43	69.35	57	91.94	8	12.90
45.45	1	9.09	1	9.09	6	54.55	7	63.64	1	9.09
47.78	12	13.33	10	11.11	39	43.33	37	41.11	25	27.78
25.00	**148**	**5.47**	**43**	**1.59**	**865**	**31.94**	**898**	**33.16**	**740**	**27.33**
25.00	148	5.47	43	1.59	865	31.94	898	33.16	740	27.33
13.17	**20**	**2.99**	**15**	**2.25**	**194**	**29.04**	**300**	**44.91**	**172**	**25.75**
7.69	2	7.69	2	7.69	8	30.77	9	34.62	5	19.23
13.40	18	2.80	13	2.02	186	28.97	291	45.33	167	26.01
10.87	**34**	**14.78**	**5**	**2.17**	**74**	**32.17**	**110**	**47.83**	**78**	**33.91**
50.00	1	50.00	1	50.00	1	50.00	1	50.00	1	50.00
9.39	31	14.55	3	1.41	67	31.46	107	50.23	75	35.21
26.67	2	13.33	1	6.67	6	40.00	2	13.33	2	13.33
26.17	**5**	**4.67**	**1**	**0.93**	**22**	**20.56**	**53**	**49.53**	**43**	**40.19**
							4	80.00	1	20.00
23.53	4	23.53			5	29.41	8	47.06	5	29.41
34.29	1	1.43	1	1.43	15	21.43	38	54.29	28	40.00
					2	13.33	3	20.00	9	60.00
37.50	**8**	**5.56**	**9**	**6.25**	**52**	**36.11**	**40**	**27.78**	**40**	**27.78**
33.33	2	3.92	1	1.96	22	43.14	18	35.29	15	29.41
53.97	4	6.35	5	7.94	27	42.86	13	20.63	17	26.98
10.00	2	6.67	3	10.00	3	10.00	9	30.00	8	26.67
8.20	**3**	**4.92**	**1**	**1.64**	**25**	**40.98**	**18**	**29.51**	**27**	**44.26**
8.20	3	4.92	1	1.64	25	40.98	18	29.51	27	44.26
50.00	**15**	**16.67**	**3**	**3.33**	**22**	**24.44**	**38**	**42.22**	**32**	**35.56**
51.72	14	16.09	3	3.45	22	25.29	38	43.68	32	36.78
	1	33.33								
39.78	**17**	**9.39**	**8**	**4.42**	**63**	**34.81**	**67**	**37.02**	**57**	**31.49**
64.71	9	52.94	3	17.65	7	41.18	9	52.94	4	23.53
49.12	4	7.02	1	1.75	18	31.58	20	35.09	17	29.82
36.00					9	36.00	13	52.00	6	24.00
18.75					7	43.75	5	31.25	5	31.25
31.82	4	6.06	4	6.06	22	33.33	20	30.30	25	37.88

6-4 分地区企

地区	代码	企业数（个）	使用信息化管理的企业		财务管理		购销存管理	
			数量（个）	比重（%）	数量（个）	占使用信息化管理企业比重（%）	数量（个）	占使用信息化管理企业比重（%）
广西壮族自治区	**45**	**17285**	**16626**	**96.19**	**14518**	**87.32**	**7232**	**43.50**
南宁市	4501	3760	3661	97.37	3285	89.73	1784	48.73
柳州市	4502	2143	2087	97.39	1887	90.42	1085	51.99
桂林市	4503	1946	1880	96.61	1593	84.73	748	39.79
梧州市	4504	1036	983	94.88	825	83.93	385	39.17
北海市	4505	780	751	96.28	658	87.62	343	45.67
防城港市	4506	619	593	95.80	506	85.33	220	37.10
钦州市	4507	907	865	95.37	737	85.20	337	38.96
贵港市	4508	1063	994	93.51	846	85.11	333	33.50
玉林市	4509	1316	1259	95.67	1071	85.07	565	44.88
百色市	4510	1178	1131	96.01	995	87.98	474	41.91
贺州市	4511	505	485	96.04	410	84.54	205	42.27
河池市	4512	718	670	93.31	584	87.16	269	40.15
来宾市	4513	530	517	97.55	463	89.56	208	40.23
崇左市	4514	784	750	95.66	658	87.73	276	36.80

业信息化管理情况

生产制造管理		物流[illegible]管理		客户关系管理		人力资源管理		其他	
数量（个）	占使用信息化管理企业比重（%）	数量（个）	占使用信息化管理企业比重（%）	数量（个）	占使用信息化管理企业比重（%）	数量（个）	占使用信息化管理企业比重（%）	数量（个）	占使用信息化管理企业比重（%）
2600	**15.64**	**1651**	**9.93**	**5221**	**31.40**	**5507**	**33.12**	**3995**	**24.03**
553	15.11	403	11.01	1219	33.30	1409	38.49	877	23.96
426	20.41	[illegible]	15.86	701	33.59	757	36.27	432	20.70
259	13.78	145	7.77	625	33.24	631	33.56	474	25.21
149	15.16	99	10.07	272	27.67	288	29.30	242	24.62
138	18.38	78	10.39	249	33.16	296	39.41	194	25.83
92	15.51	56	9.44	170	28.67	205	34.57	161	27.15
134	15.49	[illegible]	7.63	234	27.05	261	30.17	237	27.40
172	17.30	70	7.04	316	31.79	254	25.55	221	22.23
184	14.61	114	9.05	402	31.93	353	28.04	282	22.40
159	14.06	96	8.49	362	32.01	368	32.54	275	24.31
83	17.11	[illegible]	8.25	133	27.42	156	32.16	138	28.45
87	12.99	46	6.87	194	28.96	195	29.10	170	25.37
78	15.09	43	8.32	130	25.15	165	31.91	121	23.40
86	11.47	63	8.40	214	28.53	169	22.53	171	22.80

6-5 分行业企

行业	代码	企业数（个）	使用局域网的企业	
			数量（个）	比重（%）
总　计		**17285**	**11401**	**65.96**
采矿业	**B**	**240**	**131**	**54.58**
煤炭开采和洗选业	06	13	9	69.23
石油和天然气开采业	07	1	1	100
黑色金属矿采选业	08	22	10	45.45
有色金属矿采选业	09	58	36	62.07
非金属矿采选业	10	144	73	50.69
其他采矿业	12	2	2	100
制造业	**C**	**5217**	**3544**	**67.93**
农副食品加工业	13	520	376	72.31
食品制造业	14	142	111	78.17
酒、饮料和精制茶制造业	15	139	100	71.94
烟草制品业	16	2	2	100
纺织业	17	134	79	58.96
纺织服装、服饰业	18	52	30	57.69
皮革、毛皮、羽毛及其制品和制鞋业	19	71	39	54.93
木材加工和木、竹、藤、棕、草制品业	20	843	407	48.28
家具制造业	21	49	31	63.27
造纸和纸制品业	22	150	107	71.33
印刷和记录媒介复制业	23	63	49	77.78
文教、工美、体育和娱乐用品制造业	24	77	45	58.44
石油、煤炭及其他燃料加工业	25	20	18	90.00
化学原料和化学制品制造业	26	373	251	67.29
医药制造业	27	150	120	80.00
橡胶和塑料制品业	29	143	105	73.43
非金属矿物制品业	30	873	561	64.26
黑色金属冶炼和压延加工业	31	138	89	64.49
有色金属冶炼和压延加工业	32	104	70	67.31
金属制品业	33	155	118	76.13
通用设备制造业	34	103	85	82.52
专用设备制造业	35	147	119	80.95

业使用网络情况

使用互联网的企业		窄带接入		宽带接入	
数量（个）	比重（%）	数量（个）	占接入互联网企业比重（%）	数量（个）	占接入互联网企业比重（%）
17207	**99.55**	**816**	**4.74**	**17101**	**99.38**
236	**98.33**	**10**	**4.24**	**234**	**99.15**
13	100			13	100
1	100			1	100
22	100			22	100
58	100	3	5.17	58	100
140	9[illegible].22	7	5	138	98.57
2	100			2	100
5190	**99.48**	**196**	**3.78**	**5161**	**99.44**
519	99.81	9	1.73	518	99.81
142	100	7	4.93	142	100
139	100	6	4.32	139	100
2	100			2	100
134	100	4	2.99	134	100
51	98.08	3	5.88	50	98.04
71	100	2	2.82	71	100
838	99.41	29	3.46	827	98.69
49	100			49	100
150	100	4	2.67	149	99.33
63	100			63	100
77	100	2	2.60	76	98.70
20	100	2	10.00	20	100
370	99.20	13	3.51	367	99.19
148	98.67	6	4.05	148	100
143	100	6	4.20	142	99.30
863	98.85	47	5.45	860	99.65
137	99.28	4	2.92	136	99.27
104	100	2	1.92	103	99.04
155	100	5	3.23	155	100
103	100	2	1.94	103	100
147	100	10	6.80	146	99.32

6-5 续表 1

行　业	代码	企业数（个）	使用局域网的企业	
			数量（个）	比重（%）
汽车制造业	36	351	296	84.33
铁路、船舶、航空航天和其他运输设备制造业	37	42	28	66.67
电气机械和器材制造业	38	144	122	84.72
计算机、通信和其他电子设备制造业	39	142	126	88.73
仪器仪表制造业	40	29	23	79.31
其他制造业	41	10	8	80.00
废弃资源综合利用业	42	44	22	50.00
金属制品、机械和设备修理业	43	7	7	100
电力、热力、燃气及水生产和供应业	**D**	**279**	**231**	**82.8**
电力、热力生产和供应业	44	202	167	82.67
燃气生产和供应业	45	25	23	92.00
水的生产和供应业	46	52	41	78.85
建筑业	**E**	**1475**	**943**	**63.93**
房屋建筑业	47	932	577	61.91
土木工程建筑业	48	316	202	63.92
建筑安装业	49	117	81	69.23
建筑装饰、装修和其他建筑业	50	110	83	75.45
批发和零售业	**F**	**3884**	**2516**	**64.78**
批发业	51	1516	983	64.84
零售业	52	2368	1533	64.74
交通运输、仓储和邮政业	**G**	**717**	**437**	**60.95**
铁路运输业	53	1	1	100
道路运输业	54	453	261	57.62
水上运输业	55	65	29	44.62
航空运输业	56	5	5	100
多式联运和运输代理业	58	52	44	84.62
装卸搬运和仓储业	59	111	71	63.96
邮政业	60	30	26	86.67
住宿和餐饮业	**H**	**962**	**692**	**71.93**
住宿业	61	623	484	77.69
餐饮业	62	339	208	61.36

使用互联网的企业					
		窄带接入		宽带接入	
数量（个）	比重（%）	数量（个）	占接入互联网企业比重（%）	数量（个）	占接入互联网企业比重（%）
351	100	17	4.84	348	99.15
41	97.62	2	4.88	41	100
142	98.61	5	3.52	142	100
141	99.30	7	4.96	140	99.29
29	100	1	3.45	29	100
10	100	1	10.00	10	100
44	100			44	100
7	100			7	100
279	**100**	**8**	**2.87**	**278**	**99.64**
202	100	6	2.97	201	99.50
25	100	1	4.00	25	100
52	100	1	1.92	52	100
1462	**99.12**	**67**	**4.58**	**1453**	**99.38**
924	99.14	47	5.09	918	99.35
315	99.68	11	3.49	314	99.68
115	98.29	4	3.48	114	99.13
108	98.18	5	4.63	107	99.07
3870	**99.64**	**176**	**4.55**	**3841**	**99.25**
1509	99.54	72	4.77	1494	99.01
2361	99.70	104	4.40	2347	99.41
715	**99.72**	**40**	**5.59**	**712**	**99.58**
1	100			1	100
453	100	28	6.18	450	99.34
65	100	1	1.54	65	100
5	100	1	20.00	5	100
52	100	3	5.77	52	100
109	98.20	6	5.50	109	100
30	100	1	3.33	30	100
959	**99.69**	**59**	**6.15**	**955**	**99.58**
622	99.84	37	5.95	619	99.52
337	99.41	22	6.53	336	99.70

6-5 续表 2

行业	代码	企业数（个）	使用局域网的企业	
			数量（个）	比重（%）
信息传输、软件和信息技术服务业	**I**	**164**	**138**	**84.15**
电信、广播电视和卫星传输服务	63	62	58	93.55
互联网和相关服务	64	11	6	54.55
软件和信息技术服务业	65	91	74	81.32
房地产业	**K**	**2807**	**1752**	**62.42**
房地产业	70	2807	1752	62.42
租赁和商务服务业	**L**	**701**	**424**	**60.49**
租赁业	71	29	13	44.83
商务服务业	72	672	411	61.16
科学研究和技术服务业	**M**	**239**	**186**	**77.82**
研究和试验发展	73	2	2	100
专业技术服务业	74	221	175	79.19
科技推广和应用服务业	75	16	9	56.25
水利、环境和公共设施管理业	**N**	**112**	**76**	**67.86**
水利管理业	76	5	4	80.00
生态保护和环境治理业	77	17	10	58.82
公共设施管理业	78	75	52	69.33
土地管理业	79	15	10	66.67
居民服务、修理和其他服务业	**O**	**148**	**85**	**57.43**
居民服务业	80	52	33	63.46
机动车、电子产品和日用产品修理业	81	65	34	52.31
其他服务业	82	31	18	58.06
教育	**P**	**64**	**34**	**53.12**
教育	83	64	34	53.12
卫生和社会工作	**Q**	**91**	**81**	**89.01**
卫生	84	88	79	89.77
社会工作	85	3	2	66.67
文化、体育和娱乐业	**R**	**185**	**131**	**70.81**
新闻和出版业	86	17	17	100
广播、电视、电影和录音制作业	87	59	46	77.97
文化艺术业	88	25	15	60.00
体育	89	16	14	87.50
娱乐业	90	68	39	57.35

使用互联网的企业		窄带接入		宽带接入	
数量（个）	比重（%）	数量（个）	占接入互联网企业比重（%）	数量（个）	占接入互联网企业比重（%）
164	**100**	**15**	**9.15**	**162**	**98.78**
62	100	10	16.13	62	100
11	100			11	100
91	100	5	5.49	89	97.80
2794	**99.54**	**177**	**6.34**	**2774**	**99.28**
2794	99.54	177	6.34	2774	99.28
701	**100**	**31**	**4.42**	**697**	**99.43**
29	100			29	100
672	100	31	4.61	668	99.40
239	**100**	**10**	**4.18**	**239**	**100**
2	100	1	50.00	2	100
221	100	9	4.07	221	100
16	100			16	100
110	**98.21**	**1**	**0.91**	**109**	**99.09**
5	100			5	100
17	100			17	100
73	97.33	1	1.37	72	98.63
15	100			15	100
148	**100**	**6**	**4.05**	**147**	**99.32**
52	100	2	3.85	51	98.08
65	100	3	4.62	65	100
31	100	1	3.23	31	100
64	**100**			**64**	**100**
64	100			64	100
91	**100**	**7**	**7.69**	**91**	**100**
88	100	7	7.95	88	100
3	100			3	100
185	**100**	**13**	**7.03**	**184**	**99.46**
17	100	2	11.76	17	100
59	100	2	3.39	58	98.31
25	100	2	8.00	25	100
16	100	2	12.50	16	100
68	100	5	7.35	68	100

6-6 分地区企业使用网络情况

地　　区	代码	企业数（个）	使用局域网的企业		使用互联网的企业		窄带接入		宽带接入	
			数量（个）	比重（%）	数量（个）	比重（%）	数量（个）	占接入互联网企业比重（%）	数量（个）	占接入互联网企业比重（%）
广西壮族自治区	**45**	**17285**	**11401**	**65.96**	**17207**	**99.55**	**816**	**4.74**	**17101**	**99.38**
南宁市	4501	3760	3040	80.85	3747	99.65	178	4.75	3732	99.60
柳州市	4502	2143	1538	71.77	2135	99.63	82	3.84	2128	99.67
桂林市	4503	1946	1278	65.67	1937	99.54	83	4.28	1932	99.74
梧州市	4504	1036	609	58.78	1029	99.32	45	4.37	1023	99.42
北海市	4505	780	521	66.79	780	100.00	48	6.15	773	99.10
防城港市	4506	619	397	64.14	619	100.00	55	8.89	617	99.68
钦州市	4507	907	485	53.47	905	99.78	38	4.20	902	99.67
贵港市	4508	1063	538	50.61	1059	99.62	38	3.59	1047	98.87
玉林市	4509	1316	780	59.27	1308	99.39	69	5.28	1293	98.85
百色市	4510	1178	642	54.50	1163	98.73	81	6.96	1145	98.45
贺州市	4511	505	330	65.35	503	99.60	24	4.77	499	99.20
河池市	4512	718	401	55.85	712	99.16	34	4.78	707	99.30
来宾市	4513	530	380	71.70	529	99.81	14	2.65	527	99.62
崇左市	4514	784	462	58.93	781	99.62	27	3.46	776	99.36

6-7　分行业企业建网站情况

行　业	代码	企业数（个）	建立网站的企业		网站数量（个）	每百家拥有网站数（个）
			数量（个）	比重（%）		
总　计		**17285**	**3772**	**21.82**	**4101**	**24**
采矿业	**B**	**240**	**36**	**15.00**	**37**	**15**
煤炭开采和洗选业	06	13	6	46.15	6	46
石油和天然气开采业	07	1	1	100	1	100
黑色金属矿采选业	08	22	3	13.64	4	18
有色金属矿采选业	09	58	10	17.24	10	17
非金属矿采选业	10	144	15	10.42	15	10
其他采矿业	12	2	1	50.00	1	50
制造业	**C**	**5217**	**1441**	**27.62**	**1533**	**29**
农副食品加工业	13	520	152	29.23	156	30
食品制造业	14	142	56	39.44	60	42
酒、饮料和精制茶制造业	15	139	57	41.01	62	45
烟草制品业	16	2	1	50.00	1	50
纺织业	17	134	20	14.93	20	15
纺织服装、服饰业	18	52	6	11.54	7	13
皮革、毛皮、羽毛及其制品和制鞋业	19	71	7	9.86	7	10
木材加工和木、竹、藤、棕、草制品业	20	843	112	13.29	117	14
家具制造业	21	49	11	22.45	11	22
造纸和纸制品业	22	150	46	30.67	46	31
印刷和记录媒介复制业	23	63	13	20.63	14	22
文教、工美、体育和娱乐用品制造业	24	77	12	15.58	14	18
石油、煤炭及其他燃料加工业	25	20	10	50.00	10	50
化学原料和化学制品制造业	26	373	122	32.71	129	35
医药制造业	27	150	80	53.33	85	57
橡胶和塑料制品业	29	143	47	32.87	51	36
非金属矿物制品业	30	873	172	19.70	184	21
黑色金属冶炼和压延加工业	31	138	25	18.12	26	19
有色金属冶炼和压延加工业	32	104	38	36.54	41	39
金属制品业	33	155	61	39.35	63	41
通用设备制造业	34	103	49	47.57	50	49
专用设备制造业	35	147	79	53.74	95	65
汽车制造业	36	351	100	28.49	105	30
铁路、船舶、航空航天和其他运输设备制造业	37	42	6	14.29	6	14
电气机械和器材制造业	38	144	67	46.53	75	52
计算机、通信和其他电子设备制造业	39	142	63	44.37	65	46
仪器仪表制造业	40	29	17	58.62	20	69
其他制造业	41	10	4	40.00	4	40
废弃资源综合利用业	42	44	5	11.36	6	14
金属制品、机械和设备修理业	43	7	3	42.86	3	43
电力、热力、燃气及水生产和供应业	**D**	**279**	**113**	**40.50**	**125**	**45**
电力、热力生产和供应业	44	202	88	43.56	98	49
燃气生产和供应业	45	25	10	40.00	11	44
水的生产和供应业	46	52	15	28.85	16	31
建筑业	**E**	**1475**	**260**	**17.63**	**281**	**19**
房屋建筑业	47	932	132	14.16	143	15
土木工程建筑业	48	316	74	23.42	82	26
建筑安装业	49	117	30	25.64	31	26
建筑装饰、装修和其他建筑业	50	110	24	21.82	25	23

6-7 续表

行 业	代码	企业数（个）	建立网站的企业		网站数量（个）	每百家拥有网站数（个）
			数量（个）	比重（%）		
批发和零售业	**F**	**3884**	**639**	**16.45**	**712**	**18**
批发业	51	1516	247	16.29	266	18
零售业	52	2368	392	16.55	446	19
交通运输、仓储和邮政业	**G**	**717**	**126**	**17.57**	**134**	**19**
铁路运输业	53	1	1	100	1	100
道路运输业	54	453	62	13.69	65	14
水上运输业	55	65	7	10.77	7	11
航空运输业	56	5	3	60	7	140
管道运输业	57					
多式联运和运输代理业	58	52	12	23.08	13	25
装卸搬运和仓储业	59	111	31	27.93	31	28
邮政业	60	30	10	33.33	10	33
住宿和餐饮业	**H**	**962**	**177**	**18.40**	**199**	**21**
住宿业	61	623	143	22.95	160	26
餐饮业	62	339	34	10.03	39	12
信息传输、软件和信息技术服务业	**I**	**164**	**76**	**46.34**	**84**	**51**
电信、广播电视和卫星传输服务	63	62	18	29.03	20	32
互联网和相关服务	64	11	8	72.73	10	91
软件和信息技术服务业	65	91	50	54.95	54	59
房地产业	**K**	**2807**	**453**	**16.14**	**494**	**18**
房地产业	70	2807	453	16.14	494	18
租赁和商务服务业	**L**	**701**	**197**	**28.10**	**223**	**32**
租赁业	71	29	2	6.90	2	7
商务服务业	72	672	195	29.02	221	33
科学研究和技术服务业	**M**	**239**	**94**	**39.33**	**98**	**41**
研究和试验发展	73	2	2	100	2	100
专业技术服务业	74	221	88	39.82	90	41
科技推广和应用服务业	75	16	4	25.00	6	38
水利、环境和公共设施管理业	**N**	**112**	**43**	**38.39**	**51**	**46**
水利管理业	76	5	1	20.00	1	20
生态保护和环境治理业	77	17	5	29.41	5	29
公共设施管理业	78	75	33	44.00	40	53
土地管理业	79	15	4	26.67	5	33
居民服务、修理和其他服务业	**O**	**148**	**21**	**14.19**	**22**	**15**
居民服务业	80	52	12	23.08	13	25
机动车、电子产品和日用产品修理业	81	65	8	12.31	8	12
其他服务业	82	31	1	3.23	1	3
教育	**P**	**64**	**17**	**26.56**	**18**	**28**
教育	83	64	17	26.56	18	28
卫生和社会工作	**Q**	**91**	**29**	**31.87**	**33**	**36**
卫生	84	88	29	32.95	33	38
社会工作	85	3				
文化、体育和娱乐业	**R**	**185**	**50**	**27.03**	**57**	**31**
新闻和出版业	86	17	12	70.59	16	94
广播、电视、电影和录音制作业	87	59	8	13.56	10	17
文化艺术业	88	25	11	44.00	11	44
体育	89	16	8	50.00	8	50
娱乐业	90	68	11	16.18	12	18

6-8　分地区企业建网站情况

地　区	代码	企业数（个）	建立网站的企业		网站数量（个）	每百家拥有网站数（个）
			数量（个）	比重（%）		
广西壮族自治区	**45**	**17285**	**3772**	**21.82**	**4101**	**24**
南宁市	4501	3760	1107	29.44	1183	31
柳州市	4502	2143	471	21.98	510	24
桂林市	4503	1946	549	28.21	614	32
梧州市	4504	1036	108	10.42	114	11
北海市	4505	780	215	27.56	238	31
防城港市	4506	619	152	24.56	161	26
钦州市	4507	907	180	19.85	190	21
贵港市	4508	1063	101	9.50	105	10
玉林市	4509	1316	204	15.50	225	17
百色市	4510	1178	246	20.88	291	25
贺州市	4511	505	119	23.56	125	25
河池市	4512	718	135	18.80	147	20
来宾市	4513	530	78	14.72	84	16
崇左市	4514	784	107	13.65	114	15

6-9 分行业企业通

行业	代码	企业数（个）	使用互联网开展活动的企业		收发电子邮件	
			数量（个）	比重（%）	数量（个）	占使用互联网企业的比重（%）
总计	**01**	**17285**	**17207**	**99.55**	**15720**	**91.36**
采矿业	**B**	**240**	**236**	**98.33**	**212**	**89.83**
煤炭开采和洗选业	06	13	13	100	12	92.31
石油和天然气开采业	07	1	1	100	1	100
黑色金属矿采选业	08	22	22	100	21	95.45
有色金属矿采选业	09	58	58	100	54	93.10
非金属矿采选业	10	144	140	97.22	122	87.14
其他采矿业	12	2	2	100	2	100
制造业	**C**	**5217**	**5190**	**99.48**	**4876**	**93.95**
农副食品加工业	13	520	519	99.81	493	94.99
食品制造业	14	142	142	100	134	94.37
酒、饮料和精制茶制造业	15	139	139	100	132	94.96
烟草制品业	16	2	2	100	2	100
纺织业	17	134	134	100	128	95.52
纺织服装、服饰业	18	52	51	98.08	47	92.16
皮革、毛皮、羽毛及其制品和制鞋业	19	71	71	100	61	85.92
木材加工和木、竹、藤、棕、草制品业	20	843	838	99.41	746	89.02
家具制造业	21	49	49	100	42	85.71
造纸和纸制品业	22	150	150	100	143	95.33
印刷和记录媒介复制业	23	63	63	100	59	93.65
文教、工美、体育和娱乐用品制造业	24	77	77	100	74	96.10
石油、煤炭及其他燃料加工业	25	20	20	100	19	95.00
化学原料和化学制品制造业	26	373	370	99.20	347	93.78
医药制造业	27	150	148	98.67	142	95.95
橡胶和塑料制品业	29	143	143	100	129	90.21
非金属矿物制品业	30	873	863	98.85	808	93.63
黑色金属冶炼和压延加工业	31	138	137	99.28	132	96.35
有色金属冶炼和压延加工业	32	104	104	100	98	94.23
金属制品业	33	155	155	100	146	94.19
通用设备制造业	34	103	103	100	101	98.06
专用设备制造业	35	147	147	100	145	98.64

过互联网开展活动情况

了解商品和服务的信息		从政府机构获取信息		与政府机构互动		使用网上银行	
数量（个）	占使用互联网企业的比重（%）	数量（个）	占使用互联网企业的比重（%）	数量（个）	占使用互联网企业的比重（%）	数量（个）	占使用互联网企业的比重（%）
9548	**55.49**	**8831**	**51.32**	**4293**	**24.95**	**13805**	**80.23**
114	**48.31**	**112**	**47.46**	**52**	**22.03**	**176**	**74.58**
7	53.85	7	53.85	3	23.08	10	76.92
11	50.00	7	31.82	5	22.73	16	72.73
28	48.28	28	48.28	17	29.31	45	77.59
66	47.14	69	49.29	27	19.29	103	73.57
2	100	1	50.00			2	100
2978	**57.38**	**2748**	**52.95**	**1466**	**28.25**	**4236**	**81.62**
319	61.46	287	55.30	143	27.55	430	82.85
97	68.31	89	62.68	61	42.96	115	80.99
90	64.75	84	60.43	47	33.81	119	85.61
1	50.00					2	100
72	53.73	85	63.43	41	30.60	123	91.79
19	37.25	16	31.37	6	11.76	42	82.35
18	25.35	18	25.35	11	15.49	59	83.10
401	47.85	332	39.62	169	20.17	607	72.43
24	48.98	21	42.86	12	24.49	43	87.76
78	52.00	78	52.00	44	29.33	123	82.00
31	49.21	32	50.79	16	25.40	52	82.54
35	45.45	26	33.77	14	18.18	51	66.23
17	85.00	15	75.00	11	55.00	19	95.00
234	63.24	216	58.38	114	30.81	310	83.78
96	64.86	91	61.49	55	37.16	135	91.22
90	62.94	78	54.55	44	30.77	125	87.41
430	49.83	452	52.38	227	26.30	676	78.33
92	67.15	78	56.93	38	27.74	116	84.67
81	77.88	62	59.62	40	38.46	90	86.54
96	61.94	79	50.97	36	23.23	128	82.58
72	69.90	54	52.43	32	31.07	89	86.41
111	75.51	87	59.18	53	36.05	130	88.44

6-9 续表 1

行业	代码	企业数（个）	使用互联网开展活动的企业		收发电子邮件	
			数量（个）	比重（%）	数量（个）	占使用互联网企业的比重（%）
汽车制造业	36	351	351	100	346	98.58
铁路、船舶、航空航天和其他运输设备制造业	37	42	41	97.62	38	92.68
电气机械和器材制造业	38	144	142	98.61	139	97.89
计算机、通信和其他电子设备制造业	39	142	141	99.3	139	98.58
仪器仪表制造业	40	29	29	100	28	96.55
其他制造业	41	10	10	100	10	100
废弃资源综合利用业	42	44	44	100	41	93.18
金属制品、机械和设备修理业	43	7	7	100	7	100
电力、热力、燃气及水生产和供应业	**D**	**279**	**279**	**100**	**270**	**96.77**
电力、热力生产和供应业	44	202	202	100	195	96.53
燃气生产和供应业	45	25	25	100	25	100
水的生产和供应业	46	52	52	100	50	96.15
建筑业	**E**	**1475**	**1462**	**99.12**	**1346**	**92.07**
房屋建筑业	47	932	924	99.14	843	91.23
土木工程建筑业	48	316	315	99.68	300	95.24
建筑安装业	49	117	115	98.29	109	94.78
建筑装饰、装修和其他建筑业	50	110	108	98.18	94	87.04
批发和零售业	**F**	**3884**	**3870**	**99.64**	**3462**	**89.46**
批发业	51	1516	1509	99.54	1378	91.32
零售业	52	2368	2361	99.7	2084	88.27
交通运输、仓储和邮政业	**G**	**717**	**715**	**99.72**	**663**	**92.73**
铁路运输业	53	1	1	100		
道路运输业	54	453	453	100	413	91.17
水上运输业	55	65	65	100	63	96.92
航空运输业	56	5	5	100	5	100
多式联运和运输代理业	58	52	52	100.00	50	96.15
装卸搬运和仓储业	59	111	109	98.2	105	96.33
邮政业	60	30	30	100	27	90.00
住宿和餐饮业	**H**	**962**	**959**	**99.69**	**795**	**82.90**
住宿业	61	623	622	99.84	539	86.66
餐饮业	62	339	337	99.41	256	75.96

了解商品和服务的信息		从政府机构获取信息		与政府机构互动		使用网上银行	
数量（个）	占使用互联网企业的比重（%）	数量（个）	占使用互联网企业的比重（%）	数量（个）	占使用互联网企业的比重（%）	数量（个）	占使用互联网企业的比重（%）
199	56.70	222	63.25	117	33.33	317	90.31
29	70.73	20	48.78	9	21.95	28	68.29
104	73.24	93	65.49	49	34.51	124	87.32
98	69.50	87	61.70	54	38.30	125	88.65
20	68.97	20	68.97	9	31.03	24	82.76
5	50.00	6	60.00	5	50.00	9	90.00
14	31.82	15	34.09	9	20.45	20	45.45
5	71.43	5	71.43			5	71.43
134	**48.03**	**179**	**64.16**	**81**	**29.03**	**214**	**76.70**
96	47.52	125	61.88	52	25.74	150	74.26
17	68.00	18	72.00	12	48.00	21	84.00
21	40.38	36	69.23	17	32.69	43	82.69
649	**44.39**	**899**	**61.49**	**361**	**24.69**	**1206**	**82.49**
389	42.10	587	63.53	227	24.57	762	82.47
155	49.21	200	63.49	96	30.48	269	85.40
58	50.43	60	52.17	25	21.74	90	78.26
47	43.52	52	48.15	13	12.04	85	78.70
2568	**66.36**	**1672**	**43.20**	**766**	**19.79**	**3162**	**81.71**
992	65.74	718	47.58	335	22.20	1255	83.17
1576	66.75	954	40.41	431	18.25	1907	80.77
332	**46.43**	**340**	**47.55**	**188**	**26.29**	**579**	**80.98**
						1	100.00
193	42.60	216	47.68	122	26.93	369	81.46
26	40.00	28	43.08	13	20.00	48	73.85
4	80.00	3	60.00	3	60.00	5	100.00
32	61.54	21	40.38	10	19.23	48	92.31
52	47.71	56	51.38	30	27.52	83	76.15
25	83.33	16	53.33	10	33.33	25	83.33
535	**55.79**	**371**	**38.69**	**179**	**18.67**	**696**	**72.58**
372	59.81	249	40.03	128	20.58	472	75.88
163	48.37	122	36.20	51	15.13	224	66.47

6-9 续表 2

行　业	代码	企业数（个）	使用互联网开展活动的企业		收发电子邮件	
			数量（个）	比重（%）	数量（个）	占使用互联网企业的比重（%）
信息传输、软件和信息技术服务业	**I**	**164**	**164**	**100**	**158**	**96.34**
电信、广播电视和卫星传输服务	63	62	62	100	60	96.77
互联网和相关服务	64	11	11	100	11	100
软件和信息技术服务业	65	91	91	100	87	95.60
房地产业	**K**	**2807**	**2794**	**99.54**	**2550**	**91.27**
房地产业	70	2807	2794	99.54	2550	91.27
租赁和商务服务业	**L**	**701**	**701**	**100**	**634**	**90.44**
租赁业	71	29	29	100	27	93.10
商务服务业	72	672	672	100	607	90.33
科学研究和技术服务业	**M**	**239**	**239**	**100**	**228**	**95.40**
研究和试验发展	73	2	2	100	1	50.00
专业技术服务业	74	221	221	100	211	95.48
科技推广和应用服务业	75	16	16	100	16	100
水利、环境和公共设施管理业	**N**	**112**	**110**	**98.21**	**103**	**93.64**
水利管理业	76	5	5	100	5	100
生态保护和环境治理业	77	17	17	100	15	88.24
公共设施管理业	78	75	73	97.33	68	93.15
土地管理业	79	15	15	100	15	100
居民服务、修理和其他服务业	**O**	**148**	**148**	**100**	**128**	**86.49**
居民服务业	80	52	52	100	45	86.54
机动车、电子产品和日用产品修理业	81	65	65	100	55	84.62
其他服务业	82	31	31	100	28	90.32
教育	**P**	**64**	**64**	**100**	**51**	**79.69**
教育	83	64	64	100	51	79.69
卫生和社会工作	**Q**	**91**	**91**	**100**	**85**	**93.41**
卫生	84	88	88	100	82	93.18
社会工作	85	3	3	100	3	100
文化、体育和娱乐业	**R**	**185**	**185**	**100**	**159**	**85.95**
新闻和出版业	86	17	17	100	17	100
广播、电视、电影和录音制作业	87	59	59	100	56	94.92
文化艺术业	88	25	25	100	23	92.00
体育	89	16	16	100	13	81.25
娱乐业	90	68	68	100	50	73.53

了解商品和服务的信息		从政府机构获取信息		与政府机构互动		使用网上银行	
数量（个）	占使用互联网企业的比重（%）	数量（个）	占使用互联网企业的比重（%）	数量（个）	占使用互联网企业的比重（%）	数量（个）	占使用互联网企业的比重（%）
130	**79.27**	**111**	**67.68**	**79**	**48.17**	**144**	**87.80**
47	75.81	39	62.90	27	43.55	52	83.87
8	72.73	6	54.55	5	45.45	9	81.82
75	82.42	66	72.53	47	51.65	83	91.21
1290	**46.17**	**1528**	**54.69**	**679**	**24.30**	**2201**	**78.78**
1290	46.17	1528	54.69	679	24.30	2201	78.78
352	**50.21**	**396**	**56.49**	**201**	**28.67**	**552**	**78.74**
13	44.83	12	41.38	7	24.14	24	82.76
339	50.45	384	57.14	194	28.87	528	78.57
144	**60.25**	**171**	**71.55**	**76**	**31.80**	**200**	**83.68**
1	50.00	1	50.00	1	50.00	1	50.00
132	59.73	161	72.85	67	30.32	188	85.07
11	68.75	9	56.25	8	50.00	11	68.75
64	**58.18**	**70**	**63.64**	**31**	**28.18**	**77**	**70.00**
2	40.00	5	100	2	40.00	4	80.00
6	35.29	8	47.06	5	29.41	9	52.94
47	64.38	45	61.64	19	26.03	53	72.60
9	60.00	12	80.00	5	33.33	11	73.33
81	**54.73**	**67**	**45.27**	**28**	**18.92**	**112**	**75.68**
29	55.77	25	48.08	9	17.31	43	82.69
43	66.15	26	40.00	11	16.92	49	75.38
9	29.03	16	51.61	8	25.81	20	64.52
17	**26.56**	**19**	**29.69**	**16**	**25.00**	**33**	**51.56**
17	26.56	19	29.69	16	25.00	33	51.56
45	**49.45**	**51**	**56.04**	**34**	**37.36**	**69**	**75.82**
43	48.86	50	56.82	32	36.36	66	75.00
2	66.67	1	33.33	2	66.67	3	100
115	**62.16**	**97**	**52.43**	**56**	**30.27**	**148**	**80.00**
12	70.59	12	70.59	8	47.06	17	100
47	79.66	36	61.02	22	37.29	51	86.44
12	48.00	13	52.00	6	24.00	20	80.00
10	62.50	10	62.50	3	18.75	13	81.25
34	50.00	26	38.24	17	25.00	47	69.12

6-9 续表 3

行　业	代码	使用其他金融服务		提供客户服务	
		数量（个）	占使用互联网企业的比重（%）	数量（个）	占使用互联网企业的比重（%）
总　计		**1520**	**8.83**	**6477**	**37.64**
采矿业	**B**	**14**	**5.93**	**47**	**19.92**
煤炭开采和洗选业	06	1	7.69	1	7.69
石油和天然气开采业	07				
黑色金属矿采选业	08			8	36.36
有色金属矿采选业	09	6	10.34	9	15.52
非金属矿采选业	10	7	5.00	28	20.00
其他采矿业	12			1	50.00
制造业	**C**	**476**	**9.17**	**1916**	**36.92**
农副食品加工业	13	51	9.83	211	40.66
食品制造业	14	18	12.68	68	47.89
酒、饮料和精制茶制造业	15	15	10.79	59	42.45
烟草制品业	16			2	100
纺织业	17	12	8.96	35	26.12
纺织服装、服饰业	18	3	5.88	12	23.53
皮革、毛皮、羽毛及其制品和制鞋业	19	4	5.63	11	15.49
木材加工和木、竹、藤、棕、草制品业	20	43	5.13	238	28.40
家具制造业	21	5	10.20	18	36.73
造纸和纸制品业	22	12	8.00	59	39.33
印刷和记录媒介复制业	23	7	11.11	24	38.10
文教、工美、体育和娱乐用品制造业	24	6	7.79	27	35.06
石油、煤炭及其他燃料加工业	25	5	25.00	13	65.00
化学原料和化学制品制造业	26	31	8.38	128	34.59
医药制造业	27	14	9.46	66	44.59
橡胶和塑料制品业	29	20	13.99	63	44.06
非金属矿物制品业	30	64	7.42	287	33.26
黑色金属冶炼和压延加工业	31	18	13.14	44	32.12
有色金属冶炼和压延加工业	32	19	18.27	40	38.46
金属制品业	33	13	8.39	64	41.29
通用设备制造业	34	13	12.62	52	50.49
专用设备制造业	35	16	10.88	68	46.26

使用互联网开展活动的企业									
拨打互联网电话或召开视频会议		在线提供产品		发布信息或即时消息		员工培训		对外或者对内招聘	
数量（个）	占使用互联网企业的比重（%）	数量（个）	占使用互联网企业的比重（%）	数量（个）	占使用互联网企业的比重（%）	数量（个）	占使用互联网企业的比重（%）	数量（个）	占使用互联网企业的比重（%）
3138	**18.24**	**2415**	**14.03**	**6666**	**38.74**	**5583**	**32.45**	**7768**	**45.14**
27	**11.44**	**12**	**5.08**	**60**	**25.42**	**48**	**20.34**	**44**	**18.64**
6	46.15	1	7.69	6	46.15	6	46.15	4	30.77
						1	100.00		
2	9.09	1	4.55	5	22.73	6	27.27	4	18.18
10	17.24	1	1.72	21	36.21	13	22.41	12	20.69
9	6.43	9	6.43	26	18.57	22	15.71	24	17.14
				2	100				
892	**17.19**	**720**	**13.87**	**1824**	**35.14**	**1337**	**25.76**	**2254**	**43.43**
140	26.97	99	19.08	208	40.08	168	32.37	258	49.71
32	22.54	37	26.06	71	50.00	52	36.62	80	56.34
31	22.30	40	28.78	61	43.88	42	30.22	79	56.83
2	100			2	100	2	100.00	2	100.00
11	8.21	9	6.72	34	25.37	19	14.18	31	23.13
3	5.88	5	9.80	12	23.53	7	13.73	13	25.49
13	18.31	4	5.63	11	15.49	5	7.04	16	22.54
54	6.44	55	6.56	158	18.85	106	12.65	202	24.11
6	12.24	8	16.33	13	26.53	6	12.24	17	34.69
21	14.00	19	12.67	53	35.33	31	20.67	63	42.00
5	7.94	5	7.94	18	28.57	7	11.11	21	33.33
12	15.58	21	27.27	21	27.27	12	15.58	26	33.77
8	40.00	8	40.00	13	65.00	12	60.00	13	65.00
64	17.30	53	14.32	128	34.59	117	31.62	163	44.05
41	27.70	27	18.24	69	46.62	52	35.14	86	58.11
20	13.99	27	18.88	56	39.16	31	21.68	64	44.76
92	10.66	80	9.27	251	29.08	207	23.99	312	36.15
16	11.68	16	11.68	40	29.20	25	18.25	51	37.23
32	30.77	12	11.54	50	48.08	33	31.73	60	57.69
22	14.19	26	16.77	61	39.35	45	29.03	71	45.81
26	25.24	23	22.33	49	47.57	38	36.89	61	59.22
35	23.81	30	20.41	65	44.22	49	33.33	89	60.54

6-9 续表 4

行业	代码	使用其他金融服务		提供客户服务	
		数量（个）	占使用互联网企业的比重（%）	数量（个）	占使用互联网企业的比重（%）
汽车制造业	36	34	9.69	144	41.03
铁路、船舶、航空航天和其他运输设备制造业	37	3	7.32	12	29.27
电气机械和器材制造业	38	27	19.01	65	45.77
计算机、通信和其他电子设备制造业	39	16	11.35	74	52.48
仪器仪表制造业	40	2	6.90	14	48.28
其他制造业	41	1	10.00	6	60.00
废弃资源综合利用业	42	4	9.09	10	22.73
金属制品、机械和设备修理业	43			2	28.57
电力、热力、燃气及水生产和供应业	**D**	**26**	**9.32**	**97**	**34.77**
电力、热力生产和供应业	44	19	9.41	55	27.23
燃气生产和供应业	45	3	12.00	17	68.00
水的生产和供应业	46	4	7.69	25	48.08
建筑业	**E**	**130**	**8.89**	**343**	**23.46**
房屋建筑业	47	86	9.31	201	21.75
土木工程建筑业	48	25	7.94	89	28.25
建筑安装业	49	10	8.70	29	25.22
建筑装饰、装修和其他建筑业	50	9	8.33	24	22.22
批发和零售业	**F**	**352**	**9.10**	**1713**	**44.26**
批发业	51	145	9.61	628	41.62
零售业	52	207	8.77	1085	45.96
交通运输、仓储和邮政业	**G**	**72**	**10.07**	**245**	**34.27**
道路运输业	54	41	9.05	147	32.45
水上运输业	55	4	6.15	13	20.00
航空运输业	56	1	20.00	3	60.00
多式联运和运输代理业	58	11	21.15	26	50.00
装卸搬运和仓储业	59	8	7.34	33	30.28
邮政业	60	7	23.33	23	76.67
住宿和餐饮业	**H**	**65**	**6.78**	**469**	**48.91**
住宿业	61	47	7.56	348	55.95
餐饮业	62	18	5.34	121	35.91

使用互联网开展[illegible]动的企业									
拨打互联网电话或召开视频会议		在线提供产品		发布信息或即时消息		员工培训		对外或者对内招聘	
数量（个）	占使用互联网企业的比重（%）	数量（个）	占使用互联网企业的比重（%）	数量（个）	占使用互联网企业的比重（%）	数量（个）	占使用互联网企业的比重（%）	数量（个）	占使用互联网企业的比重（%）
93	26.50	46	13.11	165	47.01	131	37.32	233	66.38
5	12.20	4	9.76	15	36.59	9	21.95	20	48.78
30	21.13	23	16.20	79	55.63	45	31.69	84	59.15
65	46.10	30	21.28	88	62.41	67	47.52	104	73.76
6	20.69	7	24.14	15	51.72	7	24.14	16	55.17
2	20.00	1	10.00	6	60.00	2	20.00	5	50.00
4	9.09	5	11.36	9	20.45	9	20.45	10	22.73
1	14.29			3	42.86	1	14.29	4	57.14
132	**47.31**	**21**	**7.53**	**148**	**53.05**	**153**	**54.84**	**102**	**36.56**
104	51.49	11	5.45	108	53.47	117	57.92	73	36.14
17	68.00	6	24.00	14	56.00	20	80.00	17	68.00
11	21.15	4	7.69	26	50.00	16	30.77	12	23.08
181	**12.38**	**62**	**4.24**	**536**	**36.66**	**633**	**43.30**	**630**	**43.09**
109	11.80	37	4.00	337	36.47	429	46.43	382	41.34
47	14.92	15	4.76	127	40.32	134	42.54	147	46.67
15	13.04	6	5.22	46	40.00	47	40.87	56	48.70
10	9.26	4	3.70	26	24.07	23	21.30	45	41.67
748	**19.33**	**688**	**17.78**	**1530**	**39.53**	**1360**	**35.14**	**1751**	**45.25**
282	18.69	206	13.65	562	37.24	447	29.62	616	40.82
466	19.74	482	20.42	968	41.00	913	38.67	1135	48.07
154	**21.54**	**[illegible]**	**9.09**	**299**	**41.82**	**231**	**32.31**	**281**	**39.30**
77	17.00	30	6.62	175	38.63	134	29.58	163	35.98
5	7.69	2	3.08	25	38.46	14	21.54	16	24.62
4	80.00	2	40.00	4	80.00	5	100.00	4	80.00
24	46.15	[illegible]	13.46	31	59.62	23	44.23	34	65.38
26	23.85	[illegible]	8.26	45	41.28	30	27.52	46	42.20
18	60.00	15	50.00	19	63.33	25	83.33	18	60.00
158	**16.48**	**253**	**26.38**	**357**	**37.23**	**307**	**32.01**	**494**	**51.51**
119	19.13	201	32.32	250	40.19	228	36.66	356	57.23
39	11.57	52	15.43	107	31.75	79	23.44	138	40.95

6-9 续表 5

行　业	代码	使用其他金融服务		提供客户服务	
		数量（个）	占使用互联网企业的比重（%）	数量（个）	占使用互联网企业的比重（%）
信息传输、软件和信息技术服务业	**I**	**27**	**16.46**	**121**	**73.78**
电信、广播电视和卫星传输服务	63	8	12.90	49	79.03
互联网和相关服务	64	3	27.27	10	90.91
软件和信息技术服务业	65	16	17.58	62	68.13
房地产业	**K**	**225**	**8.05**	**838**	**29.99**
房地产业	70	225	8.05	838	29.99
租赁和商务服务业	**L**	**70**	**9.99**	**317**	**45.22**
租赁业	71	1	3.45	11	37.93
商务服务业	72	69	10.27	306	45.54
科学研究和技术服务业	**M**	**20**	**8.37**	**116**	**48.54**
研究和试验发展	73			1	50.00
专业技术服务业	74	18	8.14	106	47.96
科技推广和应用服务业	75	2	12.50	9	56.25
水利、环境和公共设施管理业	**N**	**5**	**4.55**	**41**	**37.27**
水利管理业	76				
生态保护和环境治理业	77	1	5.88	5	29.41
公共设施管理业	78	2	2.74	33	45.21
土地管理业	79	2	13.33	3	20.00
居民服务、修理和其他服务业	**O**	**9**	**6.08**	**71**	**47.97**
居民服务业	80	3	5.77	25	48.08
机动车、电子产品和日用产品修理业	81	5	7.69	36	55.38
其他服务业	82	1	3.23	10	32.26
教育	**P**	**8**	**12.50**	**25**	**39.06**
教育	83	8	12.50	25	39.06
卫生和社会工作	**Q**	**8**	**8.79**	**26**	**28.57**
卫生	84	7	7.95	24	27.27
社会工作	85	1	33.33	2	66.67
文化、体育和娱乐业	**R**	**13**	**7.03**	**92**	**49.73**
新闻和出版业	86	2	11.76	10	58.82
广播、电视、电影和录音制作业	87	4	6.78	36	61.02
文化艺术业	88	1	4.00	10	40.00
体育	89	1	6.25	7	43.75
娱乐业	90	5	7.35	29	42.65

使用互联网开展活动的企业									
拨打互联网电话或召开视频会议		在线提供产品		发布信息或即时消息		员工培训		对外或者对内招聘	
数量（个）	占使用互联网企业的比重（%）	数量（个）	占使用互联网企业的比重（%）	数量（个）	占使用互联网企业的比重（%）	数量（个）	占使用互联网企业的比重（%）	数量（个）	占使用互联网企业的比重（%）
95	**57.93**	**84**	**51.22**	**118**	**71.95**	**111**	**67.68**	**118**	**71.95**
51	82.26	39	62.90	47	75.81	51	82.26	50	80.65
7	63.64	5	45.45	8	72.73	6	54.55	6	54.55
37	40.66	40	43.96	63	69.23	54	59.34	62	68.13
491	**17.57**	**241**	**8.63**	**1040**	**37.22**	**829**	**29.67**	**1279**	**45.78**
491	17.57	241	8.63	1040	37.22	829	29.67	1279	45.78
118	**16.83**	**125**	**17.83**	**345**	**49.22**	**256**	**36.52**	**357**	**50.93**
1	3.45	1	3.45	12	41.38	8	27.59	13	44.83
117	17.41	124	18.45	333	49.55	248	36.90	344	51.19
35	**14.64**	**28**	**11.72**	**126**	**52.72**	**107**	**44.77**	**147**	**61.51**
2	100.00	1	50.00	1	50.00	1	50.00	2	100.00
30	13.57	25	11.31	119	53.85	101	45.70	139	62.90
3	18.75	2	12.50	6	37.50	5	31.25	6	37.50
19	**17.27**	**19**	**17.27**	**50**	**45.45**	**38**	**34.55**	**62**	**56.36**
1	20.00			3	60.00	1	20.00	1	20.00
5	29.41	2	11.76	8	47.06	8	47.06	9	52.94
12	16.44	17	23.29	34	46.58	23	31.51	44	60.27
1	6.67			5	33.33	6	40.00	8	53.33
16	**10.81**	**17**	**11.49**	**56**	**37.84**	**44**	**29.73**	**62**	**41.89**
3	5.77	7	13.46	17	32.69	18	34.62	21	40.38
9	13.85	10	15.38	26	40.00	20	30.77	27	41.54
4	12.90			13	41.94	6	19.35	14	45.16
7	**10.94**	**7**	**10.94**	**29**	**45.31**	**22**	**34.38**	**21**	**32.81**
7	10.94	7	10.94	29	45.31	22	34.38	21	32.81
24	**26.37**	**5**	**5.49**	**39**	**42.86**	**37**	**40.66**	**46**	**50.55**
22	25.00	3	3.41	37	42.05	35	39.77	44	50.00
2	66.67	2	66.67	2	66.67	2	66.67	2	66.67
41	**22.16**	**68**	**36.76**	**109**	**58.92**	**70**	**37.84**	**120**	**64.86**
7	41.18	[illegible]	47.06	14	82.35	8	47.06	13	76.47
19	32.20	3[illegible]	52.54	42	71.19	27	45.76	46	77.97
5	20.00	10	40.00	16	64.00	7	28.00	17	68.00
		4	25.00	8	50.00	5	31.25	9	56.25
10	14.71	15	22.06	29	42.65	23	33.82	35	51.47

6-10 分地区企业

地 区	代码	企业数（个）	使用互联网开展活动的企业		收发电子邮件	
			数量（个）	比重（%）	数量（个）	占使用互联网企业的比重（%）
广西壮族自治区	**45**	**17285**	**17207**	**99.55**	**15720**	**91.36**
南宁市	4501	3760	3747	99.65	3463	92.42
柳州市	4502	2143	2135	99.63	2002	93.77
桂林市	4503	1946	1937	99.54	1758	90.76
梧州市	4504	1036	1029	99.32	927	90.09
北海市	4505	780	780	100	718	92.05
防城港市	4506	619	619	100	550	88.85
钦州市	4507	907	905	99.78	825	91.16
贵港市	4508	1063	1059	99.62	962	90.84
玉林市	4509	1316	1308	99.39	1151	88.00
百色市	4510	1178	1163	98.73	1051	90.37
贺州市	4511	505	503	99.60	466	92.64
河池市	4512	718	712	99.16	638	89.61
来宾市	4513	530	529	99.81	490	92.63
崇左市	4514	784	781	99.62	719	92.06

通过互联网开展活动情况

了解商品和服务的信息		从政府机构获取信息		与政府机构互动		使用网上银行	
数量（个）	占使用互联网企业的比重（%）	数量（个）	占使用互联网企业的比重（%）	数量（个）	占使用互联网企业的比重（%）	数量（个）	占使用互联网企业的比重（%）
9548	**55.49**	**8831**	**51.32**	**4293**	**24.95**	**13805**	**80.23**
2278	60.80	2105	56.18	1063	28.37	3159	84.31
1237	57.94	1177	55.13	604	28.29	1791	83.89
1104	57.00	996	51.42	479	24.73	1494	77.13
537	52.19	493	47.91	217	21.09	760	73.86
477	61.15	437	56.03	216	27.69	641	82.18
338	54.60	289	46.69	147	23.75	465	75.12
463	51.16	444	49.06	224	24.75	728	80.44
508	47.97	512	48.35	207	19.55	794	74.98
663	50.69	574	43.88	245	18.73	1032	78.90
616	52.97	548	47.12	293	25.19	919	79.02
283	56.26	269	53.48	139	27.63	409	81.31
363	50.93	361	50.70	158	22.19	573	80.48
271	51.23	269	50.85	126	23.82	433	81.85
410	52.50	357	45.71	175	22.41	607	77.72

6-10 续表

地　区	代码	使用其他金融服务		提供客户服务		拨打互联网电话或召开视频会议	
		数量（个）	占使用互联网企业的比重（%）	数量（个）	占使用互联网企业的比重（%）	数量（个）	占使用互联网企业的比重（%）
广西壮族自治区	**45**	**1520**	**8.83**	**6477**	**37.64**	**3138**	**18.24**
南宁市	4501	422	11.26	1668	44.52	952	25.41
柳州市	4502	196	9.18	846	39.63	413	19.34
桂林市	4503	148	7.64	705	36.40	321	16.57
梧州市	4504	80	7.77	357	34.69	143	13.90
北海市	4505	72	9.23	320	41.03	179	22.95
防城港市	4506	65	10.50	224	36.19	106	17.12
钦州市	4507	60	6.63	301	33.26	157	17.35
贵港市	4508	77	7.27	324	30.59	141	13.31
玉林市	4509	105	8.03	452	34.56	181	13.84
百色市	4510	89	7.65	427	36.72	176	15.13
贺州市	4511	43	8.55	177	35.19	72	14.31
河池市	4512	60	8.43	223	31.32	102	14.33
来宾市	4513	48	9.07	180	34.03	85	16.07
崇左市	4514	55	7.04	273	34.96	110	14.08

使用互联网开展活动的企业							
在线提供产品		发布信息或即时消息		员工培训		对外或者对内招聘	
数量（个）	占使用互联网企业的比重（%）	数量（个）	占使用互联网企业的比重（%）	数量（个）	占使用互联网企业的比重（%）	数量（个）	占使用互联网企业的比重（%）
2415	**14.03**	**6666**	**38.74**	**5583**	**32.45**	**7768**	**45.14**
666	17.77	1805	48.17	1464	39.07	2138	57.06
322	15.08	883	41.36	749	35.08	1076	50.40
312	16.11	695	35.88	601	31.03	867	44.76
126	12.24	347	33.72	264	25.66	386	37.51
141	18.08	351	45.00	287	36.79	430	55.13
66	10.66	227	36.67	198	31.99	263	42.49
100	11.05	331	36.57	274	30.28	382	42.21
90	8.50	324	30.59	220	20.77	378	35.69
175	13.38	432	33.03	375	28.67	494	37.77
149	12.81	425	36.54	396	34.05	444	38.18
58	11.53	198	39.36	183	36.38	218	43.34
86	12.08	217	30.48	204	28.65	226	31.74
52	9.83	191	36.11	163	30.81	202	38.19
72	9.22	240	30.73	205	26.25	264	33.80

6-11 分行业企业

行业	代码	企业数（个）	使用互联网的企业		通过互联网进行宣传推广的企业		自有网站	
			数量（个）	比重（%）	数量（个）	占使用互联网企业的比重（%）	数量（个）	占使用互联网企业的比重（%）
总计		**17285**	**17207**	**99.55**	**13811**	**80.26**	**2404**	**13.97**
采矿业	**B**	**240**	**236**	**98.33**	**152**	**64.41**	**18**	**7.63**
煤炭开采和洗选业	06	13	13	100	10	76.92	4	30.77
石油和天然气开采业	07	1	1	100	1	100	1	100
黑色金属矿采选业	08	22	22	100	15	68.18	2	9.09
有色金属矿采选业	09	58	58	100	42	72.41	6	10.34
非金属矿采选业	10	144	140	97.22	83	59.29	5	3.57
其他采矿业	12	2	2	100	1	50.00		
制造业	**C**	**5217**	**5190**	**99.48**	**4172**	**80.39**	**969**	**18.67**
农副食品加工业	13	520	519	99.81	434	83.62	101	19.46
食品制造业	14	142	142	100	127	89.44	37	26.06
酒、饮料和精制茶制造业	15	139	139	100	128	92.09	42	30.22
烟草制品业	16	2	2	100	2	100	1	50.00
纺织业	17	134	134	100	102	76.12	12	8.96
纺织服装、服饰业	18	52	51	98.08	43	84.31	3	5.88
皮革、毛皮、羽毛及其制品和制鞋业	19	71	71	100	48	67.61	4	5.63
木材加工和木、竹、藤、棕、草制品业	20	843	838	99.41	586	69.93	57	6.80
家具制造业	21	49	49	100	37	75.51	7	14.29
造纸和纸制品业	22	150	150	100	126	84.00	27	18.00
印刷和记录媒介复制业	23	63	63	100	53	84.13	8	12.70
文教、工美、体育和娱乐用品制造业	24	77	77	100	68	88.31	4	5.19
石油、煤炭及其他燃料加工业	25	20	20	100	18	90.00	7	35.00
化学原料和化学制品制造业	26	373	370	99.20	300	81.08	91	24.59
医药制造业	27	150	148	98.67	129	87.16	66	44.59
橡胶和塑料制品业	29	143	143	100	119	83.22	30	20.98
非金属矿物制品业	30	873	863	98.85	641	74.28	98	11.36
黑色金属冶炼和压延加工业	31	138	137	99.28	109	79.56	13	9.49
有色金属冶炼和压延加工业	32	104	104	100	89	85.58	31	29.81
金属制品业	33	155	155	100	130	83.87	38	24.52
通用设备制造业	34	103	103	100	95	92.23	32	31.07
专用设备制造业	35	147	147	100	132	89.80	60	40.82

互联网宣传和推广情况

互联网广告		搜索引擎		电子商务平台		电子邮件		社交网站或即时通讯社交工具	
数量（个）	占使用互联网企业的比重（%）	数量（个）	占使用互联网企业的比重（%）	数量（个）	占使用互联网企业的比重（%）	数量（个）	占使用互联网企业的比重（%）	数量（个）	占使用互联网企业的比重（%）
5165	**30.02**	**1831**	**10.64**	**1825**	**10.61**	**5275**	**30.66**	**4381**	**25.46**
36	**15.25**	**11**	**4.66**	**12**	**5.08**	**75**	**31.78**	**42**	**17.80**
2	15.38					3	23.08	1	7.69
4	18.18			1	4.55	5	22.73	5	22.73
10	17.24	4	6.90	4	6.90	23	39.66	13	22.41
20	14.29	7	5.00	7	5.00	43	30.71	22	15.71
						1	50.00	1	50.00
1188	**22.89**	**548**	**10.56**	**500**	**9.63**	**2000**	**38.54**	**1065**	**20.52**
135	26.01	62	11.95	65	12.52	182	35.07	125	24.08
58	40.85	19	13.38	31	21.83	46	32.39	41	28.87
57	41.01	16	11.51	39	28.06	61	43.88	39	28.06
1	50.00	1	50.00						
16	11.94	11	8.21	8	5.97	56	41.79	18	13.43
23	45.10	4	7.84	3	5.88	15	29.41	8	15.69
10	14.08	1	1.41	3	4.23	30	42.25	7	9.86
132	15.75	43	5.13	39	4.65	296	35.32	139	16.59
11	22.45	6	12.24	1	2.04	13	26.53	10	20.41
32	21.33	23	15.33	13	8.67	48	32.00	35	23.33
11	17.46	6	9.52	2	3.17	25	39.68	18	28.57
10	12.99	4	5.19	11	14.29	43	55.84	11	14.29
7	35.00	3	15.00	4	20.00	9	45.00	7	35.00
94	25.41	33	8.92	49	13.24	131	35.41	76	20.54
40	27.03	25	16.89	9	6.08	54	36.49	36	24.32
37	25.87	20	13.99	23	16.08	52	36.36	22	15.38
171	19.81	67	7.76	50	5.79	322	37.31	156	18.08
29	21.17	14	10.22	17	12.41	55	40.15	20	14.60
25	24.04	10	9.62	6	5.77	48	46.15	34	32.69
38	24.52	23	14.84	16	10.32	63	40.65	28	18.06
30	29.13	25	24.27	6	5.83	48	46.60	23	22.33
39	26.53	36	24.49	24	16.33	70	47.62	29	19.73

6-11 续表 1

行业	代码	企业数（个）	使用互联网的企业		通过互联网进行宣传推广的企业		自有网站	
			数量（个）	比重（%）	数量（个）	占使用互联网企业的比重（%）	数量（个）	占使用互联网企业的比重（%）
汽车制造业	36	351	351	100	283	80.63	68	19.37
电气机械和器材制造业	38	144	142	98.61	130	91.55	56	39.44
计算机、通信和其他电子设备制造业	39	142	141	99.3	130	92.20	51	36.17
仪器仪表制造业	40	29	29	100	25	86.21	16	55.17
其他制造业	41	10	10	100	9	90.00	3	30.00
废弃资源综合利用业	42	44	44	100	36	81.82		
金属制品、机械和设备修理业	43	7	7	100	6	85.71	3	42.86
电力、热力、燃气及水生产和供应业	**D**	**279**	**279**	**100**	**224**	**80.29**	**84**	**30.11**
电力、热力生产和供应业	44	202	202	100	160	79.21	66	32.67
燃气生产和供应业	45	25	25	100	25	100	6	24.00
水的生产和供应业	46	52	52	100	39	75.00	12	23.08
建筑业	**E**	**1475**	**1462**	**99.12**	**1095**	**74.90**	**166**	**11.35**
房屋建筑业	47	932	924	99.14	687	74.35	79	8.55
土木工程建筑业	48	316	315	99.68	239	75.87	54	17.14
建筑安装业	49	117	115	98.29	85	73.91	20	17.39
建筑装饰、装修和其他建筑业	50	110	108	98.18	84	77.78	13	12.04
批发和零售业	**F**	**3884**	**3870**	**99.64**	**3029**	**78.27**	**347**	**8.97**
批发业	51	1516	1509	99.54	1059	70.18	163	10.80
零售业	52	2368	2361	99.7	1970	83.44	184	7.79
交通运输、仓储和邮政业	**G**	**717**	**715**	**99.72**	**520**	**72.73**	**87**	**12.17**
铁路运输业	53	1	1	100	1	100		
道路运输业	54	453	453	100	321	70.86	42	9.27
水上运输业	55	65	65	100	46	70.77	4	6.15
航空运输业	56	5	5	100	5	100	3	60.00
管道运输业	57							
多式联运和运输代理业	58	52	52	100	45	86.54	9	17.31
装卸搬运和仓储业	59	111	109	98.2	77	70.64	24	22.02
邮政业	60	30	30	100	25	83.33	5	16.67
住宿和餐饮业	**H**	**962**	**959**	**99.69**	**846**	**88.22**	**97**	**10.11**
住宿业	61	623	622	99.84	576	92.60	82	13.18
餐饮业	62	339	337	99.41	270	80.12	15	4.45

互联网广告		搜索引擎		电子商务平台		电子邮件		社交网站或即时通讯社交工具	
数量（个）	占使用互联网企业的比重（%）	数量（个）	占使用互联网企业的比重（%）	数量（个）	占使用互联网企业的比重（%）	数量（个）	占使用互联网企业的比重（%）	数量（个）	占使用互联网企业的比重（%）
69	19.66	34	9.69	25	7.12	170	48.43	79	22.51
36	25.35	23	16.20	26	18.31	62	43.66	38	26.76
44	31.21	21	14.89	13	9.22	52	36.88	38	26.95
7	24.14	6	20.69	6	20.69	11	37.93	8	27.59
4	40.00	3	30.00	4	40.00	5	50.00	2	20.00
6	13.64	1	2.27	3	6.82	11	25.00	5	11.36
		1	14.29			3	42.86	2	28.57
46	**16.49**	**29**	**10.39**	**20**	**7.17**	**88**	**31.54**	**59**	**21.15**
33	16.34	21	10.40	17	8.42	70	34.65	39	19.31
6	24.00	6	24.00	1	4.00	7	28.00	8	32.00
7	13.46	2	3.85	2	3.85	11	21.15	12	23.08
328	**22.44**	**139**	**9.51**	**79**	**5.40**	**505**	**34.54**	**307**	**21.00**
199	21.54	74	8.01	50	5.41	329	35.61	197	21.32
69	21.90	40	12.70	16	5.08	103	32.70	69	21.90
32	27.83	13	11.30	7	6.09	37	32.17	19	16.52
28	25.93	12	11.11	6	5.56	36	33.33	22	20.37
1183	**30.57**	**403**	**10.41**	**490**	**12.66**	**1057**	**27.31**	**1106**	**28.58**
306	20.28	138	9.15	162	10.74	455	30.15	359	23.79
877	37.15	265	11.22	328	13.89	602	25.50	747	31.64
145	**20.28**	**53**	**7.41**	**60**	**8.39**	**211**	**29.51**	**174**	**24.34**
				1	100.00				
91	20.09	30	6.62	33	7.28	122	26.93	118	26.05
10	15.38	5	9.23	1	1.54	23	35.38	12	18.46
3	60.00	2	40.00	1	20.00	2	40.00	2	40.00
12	23.08	3	5.77	3	5.77	26	50.00	14	26.92
18	16.51	8	7.34	11	10.09	33	30.28	20	18.35
11	36.67	4	13.33	10	33.33	5	16.67	8	26.67
379	**39.52**	**102**	**10.64**	**271**	**28.26**	**228**	**23.77**	**279**	**29.09**
279	44.86	75	12.06	217	34.89	166	26.69	188	30.23
100	29.67	27	8.01	54	16.02	62	18.40	91	27.00

6-11 续表 2

行业	代码	企业数（个）	使用互联网的企业		通过互联网进行宣传推广的企业		自有网站	
			数量（个）	比重（%）	数量（个）	占使用互联网企业的比重（%）	数量（个）	占使用互联网企业的比重（%）
信息传输、软件和信息技术服务业	**I**	**164**	**164**	**100**	**150**	**91.46**	**62**	**37.80**
电信、广播电视和卫星传输服务	63	62	62	100	57	91.94	15	24.19
互联网和相关服务	64	11	11	100	10	90.91	5	45.45
软件和信息技术服务业	65	91	91	100	83	91.21	42	46.15
房地产业	**K**	**2807**	**2794**	**99.54**	**2367**	**84.72**	**250**	**8.95**
房地产业	70	2807	2794	99.54	2367	84.72	250	8.95
租赁和商务服务业	**L**	**701**	**701**	**100**	**544**	**77.60**	**134**	**19.12**
租赁业	71	29	29	100	17	58.62	1	3.45
商务服务业	72	672	672	100	527	78.42	133	19.79
科学研究和技术服务业	**M**	**239**	**239**	**100**	**200**	**83.68**	**82**	**34.31**
研究和试验发展	73	2	2	100	2	100	2	100.00
专业技术服务业	74	221	221	100	184	83.26	76	34.39
科技推广和应用服务业	75	16	16	100	14	87.50	4	25.00
水利、环境和公共设施管理业	**N**	**112**	**110**	**98.21**	**99**	**90.00**	**33**	**30.00**
水利管理业	76	5	5	100	4	80.00	1	20.00
生态保护和环境治理业	77	17	17	100	15	88.24	3	17.65
公共设施管理业	78	75	73	97.33	65	89.04	27	36.99
土地管理业	79	15	15	100	15	100	2	13.33
居民服务、修理和其他服务业	**O**	**148**	**148**	**100**	**112**	**75.68**	**13**	**8.78**
居民服务业	80	52	52	100	39	75.00	10	19.23
机动车、电子产品和日用产品修理业	81	65	65	100	52	80.00	2	3.08
其他服务业	82	31	31	100	21	67.74	1	3.23
教育	**P**	**64**	**64**	**100**	**54**	**84.38**	**10**	**15.62**
教育	83	64	64	100	54	84.38	10	15.62
卫生和社会工作	**Q**	**91**	**91**	**100**	**80**	**87.91**	**18**	**19.78**
卫生	84	88	88	100	78	88.64	18	20.45
社会工作	85	3	3	100	2	66.67		
文化、体育和娱乐业	**R**	**185**	**185**	**100**	**167**	**90.27**	**34**	**18.38**
新闻和出版业	86	17	17	100	15	88.24	12	70.59
广播、电视、电影和录音制作业	87	59	59	100	56	94.92	4	6.78
文化艺术业	88	25	25	100	23	92.00	7	28.00
体育	89	16	16	100	16	100	5	31.25
娱乐业	90	68	68	100	57	83.82	6	8.82

互联网广告		搜索引擎		电子商务平台		电子邮件		社交网站或即时通讯社交工具	
数量（个）	占使用互联网企业的比重（%）	数量（个）	占使用互联网企业的比重（%）	数量（个）	占使用互联网企业的比重（%）	数量（个）	占使用互联网企业的比重（%）	数量（个）	占使用互联网企业的比重（%）
97	**59.15**	**51**	**31.10**	**43**	**26.22**	**54**	**32.93**	**66**	**40.24**
48	77.42	16	25.81	21	33.87	14	22.58	30	48.39
7	63.64	7	63.64	2	18.18	5	45.45	5	45.45
42	46.15	28	30.77	20	21.98	35	38.46	31	34.07
1290	**46.17**	**310**	**11.10**	**176**	**6.30**	**656**	**23.48**	**787**	**28.17**
1290	46.17	310	11.10	176	6.30	656	23.48	787	28.17
210	**29.96**	**77**	**10.98**	**80**	**11.41**	**179**	**25.53**	**209**	**29.81**
7	24.14			1	3.45	2	6.90	7	24.14
203	30.21	77	11.46	79	11.76	177	26.34	202	30.06
53	**22.18**	**31**	**12.97**	**7**	**2.93**	**83**	**34.73**	**62**	**25.94**
1	50.00							1	50.00
47	21.27	28	12.67	6	2.71	78	35.29	57	25.79
5	31.25	3	18.75	1	6.25	5	31.25	4	25.00
39	**35.45**	**20**	**18.18**	**24**	**21.82**	**32**	**29.09**	**27**	**24.55**
		1	20.00					1	20.00
4	23.53	3	17.65			5	29.41	4	23.53
32	43.84	13	17.81	23	31.51	20	27.40	19	26.03
3	20.00	3	20.00	1	6.67	7	46.67	3	20.00
35	**23.65**	**15**	**10.14**	**9**	**6.08**	**37**	**25.00**	**56**	**37.84**
12	23.08	8	15.38	3	5.77	12	23.08	19	36.54
17	26.15	4	6.15	5	7.69	17	26.15	28	43.08
6	19.35	3	9.68	1	3.23	8	25.81	9	29.03
19	**29.69**	**5**	**7.81**	**4**	**6.25**	**11**	**17.19**	**25**	**39.06**
19	29.69	5	7.81	4	6.25	11	17.19	25	39.06
35	**38.46**	**10**	**10.99**	**4**	**4.40**	**27**	**29.67**	**33**	**36.26**
33	37.50	9	10.23	4	4.55	25	28.41	32	36.36
2	66.67	1	33.33			2	66.67	1	33.33
82	**44.32**	**27**	**14.59**	**46**	**24.86**	**32**	**17.30**	**84**	**45.41**
9	52.94	2	11.76	3	17.65	5	29.41	9	52.94
28	47.46	8	13.56	18	30.51	11	18.64	28	47.46
12	48.00	4	16.00	9	36.00	6	24.00	12	48.00
6	37.50	4	25.00	3	18.75	1	6.25	7	43.75
27	39.71	9	13.24	13	19.12	9	13.24	28	41.18

6-12 分地区企业互

地　区	代码	企业数（个）	使用互联网的企业		通过互联网进行宣传推广的企业		自有网站	
			数量（个）	比重（%）	数量（个）	占使用互联网企业的比重（%）	数量（个）	占使用互联网企业的比重（%）
广西壮族自治区	**45**	**17285**	**17207**	**99.55**	**13811**	**80.26**	**2404**	**13.97**
南宁市	4501	3760	3747	99.65	3162	84.39	778	20.76
柳州市	4502	2143	2135	99.63	1716	80.37	326	15.27
桂林市	4503	1946	1937	99.54	1580	81.57	345	17.81
梧州市	4504	1036	1029	99.32	811	78.81	78	7.58
北海市	4505	780	780	100	657	84.23	140	17.95
防城港市	4506	619	619	100	518	83.68	98	15.83
钦州市	4507	907	905	99.78	712	78.67	103	11.38
贵港市	4508	1063	1059	99.62	827	78.09	56	5.29
玉林市	4509	1316	1308	99.39	1026	78.44	113	8.64
百色市	4510	1178	1163	98.73	906	77.90	122	10.49
贺州市	4511	505	503	99.60	406	80.72	67	13.32
河池市	4512	718	712	99.16	515	72.33	77	10.81
来宾市	4513	530	529	99.81	421	79.58	43	8.13
崇左市	4514	784	781	99.62	554	70.93	58	7.43

联网宣传和推广情况

互联网广告		搜索引擎		电子商务平台		电子邮件		社交网站或即时通讯社交工具	
数量（个）	占使用互联网企业的比重（%）	数量（个）	占使用互联网企业的比重（%）	数量（个）	占使用互联网企业的比重（%）	数量（个）	占使用互联网企业的比重（%）	数量（个）	占使用互联网企业的比重（%）
5165	**30.02**	**1831**	**10.64**	**1825**	**10.61**	**5275**	**30.66**	**4381**	**25.46**
1254	33.47	527	14.06	451	12.04	1038	27.70	1082	28.88
575	26.93	284	13.30	211	9.88	734	34.38	544	25.48
609	31.44	228	11.77	288	14.87	602	31.08	441	22.77
234	22.74	93	9.04	88	8.55	303	29.45	276	26.82
301	38.59	89	11.41	97	12.44	223	28.59	194	24.87
199	32.15	87	14.05	81	13.09	182	29.40	150	24.23
256	28.29	69	7.62	62	6.85	302	33.37	257	28.40
348	32.86	91	8.59	58	5.48	331	31.26	234	22.10
366	27.98	89	6.80	130	9.94	441	33.72	311	23.78
369	31.73	100	8.60	134	11.52	370	31.81	284	24.42
156	31.01	56	11.13	55	10.93	150	29.82	144	28.63
181	25.42	44	6.18	75	10.53	216	30.34	146	20.51
139	26.28	35	6.62	35	6.62	166	31.38	143	27.03
178	22.79	39	4.99	60	7.68	217	27.78	175	22.41

6-13 分行业企业开

行业	代码	有电子商务交易的企业数（个）	有电子商务销售的企业数（个）		B2B	
			数量（个）	金额（亿元）	企业数量（个）	金额（亿元）
总 计	**01**	**1530**	**1050**	**1168.16**	**711**	**827.85**
采矿业	**B**	**6**				
有色金属矿采选业	09	2				
非金属矿采选业	10	4				
制造业	**C**	**371**	**230**	**386.27**	**170**	**310.98**
农副食品加工业	13	47	31	5.85	20	3.23
食品制造业	14	28	26	3.13	16	1.86
酒、饮料和精制茶制造业	15	44	39	2.38	24	2.12
烟草制品业	16	1	1	257.05	1	257.05
纺织业	17	6	6	0.31	5	0.21
纺织服装、服饰业	18	2	2	0.27	2	0.27
皮革、毛皮、羽毛及其制品和制鞋业	19	2	1	0.14	1	0.08
木材加工和木、竹、藤、棕、草制品业	20	15	10	1.03	9	1.03
家具制造业	21	9	2	0.92	2	0.59
造纸和纸制品业	22	6	5	0.76	3	0.46
印刷和记录媒介复制业	23	3	1	0.41	1	0.41
文教、工美、体育和娱乐用品制造业	24	8	7	0.64	4	0.63
石油、煤炭及其他燃料加工业	25	3	2	0.02	1	0.01
化学原料和化学制品制造业	26	24	13	1.94	12	1.82
医药制造业	27	16	8	0.20	5	0.14
橡胶和塑料制品业	29	12	8	2.47	7	2.23
非金属矿物制品业	30	30	12	21.40	9	12.11
黑色金属冶炼和压延加工业	31	7	4	15.12	4	15.12
有色金属冶炼和压延加工业	32	5	2	0.02	2	0.02
金属制品业	33	19	9	0.51	7	0.29
通用设备制造业	34	7	3	0.06	3	0.06
专用设备制造业	35	18	10	0.27	10	0.27

展电子商务交易情况

B2C		向大陆以外区域销售		有电子商务采购的企业		从大陆以外区域采购	
企业数量（个）	金额（亿元）	全业数量（个）	金额（亿元）	企业数量（个）	金额（亿元）	企业数量（个）	金额（亿元）
518	**340.30**	**63**	**11.94**	**817**	**815.77**	**27**	**3.59**
				6		**1**	
				2		1	
				4			
103	**75.29**	**40**	**7.68**	**241**	**145.81**	**5**	**1.12**
15	2.62			22	0.82		
19	1.27	2		13	0.38	1	0.20
24	0.26	1		16	0.40		
		1	0.66	1	85.98		
3	0.10	1	0.01	2	0.06		
				1	0.10		
1	0.06	1	0.14	2	0.02		
1		1		13	0.15		
2	0.32	2	0.60	8	0.20		
2	0.30			4	0.03		
				3	0.09		
3	0.01	6	0.35	6	0.27	2	0.26
1				1	4.67		
4	0.12	2	0.31	19	5.03	1	0.20
4	0.06			15	0.90		
3	0.24	2	0.98	7	0.61	1	0.46
4	9.28	1	0.15	24	8.48		
				6	29.72		
		1	0.01	4	3.23		
3	0.23	3	0.12	15	0.32		
		1	0.02	6	0.03		
1		3	0.08	12	0.16		

6-13 续表 1

行业	代码	有电子商务交易的企业数（个）	有电子商务销售的企业数（个）		B2B	
			数量（个）	金额（亿元）	企业数量（个）	金额（亿元）
汽车制造业	36	20	6	59.58	4	1.65
电气机械和器材制造业	38	9	7	2.08	5	2.04
计算机、通信和其他电子设备制造业	39	18	8	6.92	8	4.78
仪器仪表制造业	40	7	4	0.54	2	0.23
其他制造业	41	1	1	0.16	1	0.16
废弃资源综合利用业	42	2	2	2.10	2	2.10
电力、热力、燃气及水生产和供应业	**D**	**25**	**2**	**0.99**		
电力、热力生产和供应业	44	23				
水的生产和供应业	46	2	2	0.99		
建筑业	**E**	**44**	**2**	**0.12**	**2**	**0.12**
房屋建筑业	47	24	2	0.12	2	0.12
土木工程建筑业	48	13				
建筑安装业	49	6				
建筑装饰、装修和其他建筑业	50	1				
批发和零售业	**F**	**314**	**231**	**707.90**	**155**	**488.31**
批发业	51	101	74	664.82	52	471.71
零售业	52	213	157	43.08	103	16.60
交通运输、仓储和邮政业	**G**	**56**	**37**	**22.17**	**23**	**6.01**
道路运输业	54	22	14	4.71	7	3.63
水上运输业	55	3	1	3.86		
航空运输业	56	2	2	9.61	2	1.65
多式联运和运输代理业	58	3	1	0.03	1	0.01
装卸搬运和仓储业	59	15	9	3.85	8	0.67
邮政业	60	11	10	0.11	5	0.04
住宿和餐饮业	**H**	**384**	**374**	**10.42**	**247**	**5.94**
住宿业	61	306	301	8.22	206	5.26
餐饮业	62	78	73	2.20	41	0.68

B2C		向大陆以外区域销售		有电子商务采购的企业		从大陆以外区域采购	
企业数量（个）	金额（亿元）	企业数量（个）	金额（亿元）	企业数量（个）	金额（亿元）	企业数量（个）	金额（亿元）
3	57.93	1		17	0.46		
2	0.03	2	0.02	4	1.52		
4	2.13	5	4.08	13	0.12		
3	0.31	3	0.13	4	0.10		
		1	0.01				
1				1	1.93		
2	**0.99**			**24**	**47.17**	**1**	**0.06**
				23	47.17	1	0.06
2	0.99			1			
				44	**7.02**		
				24	1.04		
				13	5.98		
				6	0.01		
				1			
122	**219.59**	**4**	**0.87**	**154**	**589.59**	**5**	**0.26**
30	193.11	3	0.81	52	571.83	3	0.25
92	26.48	1	0.06	102	17.76	2	0.01
20	**16.17**	**1**	**0.06**	**29**	**0.86**	**1**	**0.44**
9	1.08			11	0.48	1	0.44
1	3.86			2			
2	7.96	1	0.06				
1	0.02			3	0.02		
2	3.18			9	0.33		
5	0.07			4	0.03		
179	**4.48**	**14**	**0.07**	**110**	**0.26**	**4**	
138	2.95	14	0.07	88	0.23	4	
41	1.53			22	0.03		

6-13　续表 2

行　业	代码	有电子商务交易的企业数（个）	有电子商务销售的企业数（个）		B2B	
			数量（个）	金额（亿元）	企业数量（个）	金额（亿元）
信息传输、软件和信息技术服务业	**I**	**43**	**24**	**17.07**	**7**	**2.20**
电信、广播电视和卫星传输服务	63	30	16	11.70	4	1.04
互联网和相关服务	64	1	1	2.92		
软件和信息技术服务业	65	12	7	2.45	3	1.16
房地产业	**K**	**114**	**12**	**1.16**	**12**	**1.14**
房地产业	70	114	12	1.16	12	1.14
租赁和商务服务业	**L**	**64**	**55**	**16.78**	**38**	**9.57**
商务服务业	72	64	55	16.78	38	9.57
科学研究和技术服务业	**M**	**12**	**2**	**0.15**	**2**	**0.14**
专业技术服务业	74	11	1	0.01	1	
科技推广和应用服务业	75	1	1	0.13	1	0.13
水利、环境和公共设施管理业	**N**	**24**	**23**	**1.03**	**18**	**0.71**
公共设施管理业	78	24	23	1.03	18	0.71
居民服务、修理和其他服务业	**O**	**13**	**6**	**0.09**	**6**	**0.07**
居民服务业	80	6	4	0.07	4	0.06
机动车、电子产品和日用产品修理业	81	4	1	0.02	1	0.01
其他服务业	82	3	1		1	
教育	**P**	**6**	**3**	**0.04**	**3**	**0.04**
教育	83	6	3	0.04	3	0.04
卫生和社会工作	**Q**	**5**	**3**	**0.03**	**2**	**0.03**
卫生	84	5	3	0.03	2	0.03
文化、体育和娱乐业	**R**	**49**	**46**	**3.95**	**26**	**2.63**
新闻和出版业	86	2	2	0.13	1	0.06
广播、电视、电影和录音制作业	87	27	27	3.14	13	2.14
文化艺术业	88	9	8	0.17	6	0.15
体育	89	2	2	0.04	2	0.04
娱乐业	90	9	7	0.47	4	0.24

B2C		向大陆以外区域销售		有电子商务采购的企业		从大陆以外区域采购	
企业数量（个）	金额（亿元）	企业数量（个）	金额（亿元）	企业数量（个）	金额（亿元）	企业数量（个）	金额（亿元）
21	**14.87**			**31**	**12.70**	**1**	
14	10.66			21	12.38		
1	2.92			1	0.25		
6	1.29			9	0.07	1	
3	**0.02**			**107**	**0.31**	**4**	
3	0.02			107	0.31	4	
26	**7.21**	**4**	**3.25**	**24**	**9.30**	**4**	**1.71**
26	7.21	4	3.25	24	9.30	4	1.71
1	**0.01**			**10**	**2.69**		
1	0.01			10	2.69		
9	**0.32**			**5**			
9	0.32			5			
3	**0.02**			**10**	**0.01**		
2	0.01			3			
1	0.01			4	0.01		
				3			
1				**5**			
1				5			
3	**0.01**			**3**		**1**	
3	0.01			3		1	
25	**1.32**			**14**	**0.05**		
1	0.07						
15	1.00			6	0.01		
2	0.01			4			
1				1			
6	0.23			3	0.04		

6-14 分地区企业开

地　区	代码	有电子商务交易的企业数（个）	有电子商务销售的企业数（个）		B2B	
			数量（个）	金额（亿元）	企业数量（个）	金额（亿元）
广西壮族自治区	**45**	**1530**	**1050**	**1168.16**	**711**	**827.85**
南宁市	4501	380	265	380.22	163	349.28
柳州市	4502	186	123	389.48	84	286.68
桂林市	4503	251	203	94.01	127	64.66
梧州市	4504	73	50	23.68	38	2.01
北海市	4505	97	72	41.84	45	5.04
防城港市	4506	56	38	26.55	30	12.70
钦州市	4507	69	33	37.11	26	16.77
贵港市	4508	61	28	23.47	23	21.91
玉林市	4509	87	62	36.18	42	3.10
百色市	4510	89	66	24.05	54	23.45
贺州市	4511	27	16	14.07	11	13.99
河池市	4512	59	38	30.74	29	1.07
来宾市	4513	43	28	19.00	20	18.76
崇左市	4514	52	28	27.75	19	8.42

展电子商务交易情况

B2C		向大陆以外区域销售		有电子商务采购的企业		从大陆以外区域采购	
企业数量（个）	金额（亿元）	企业数量（个）	金额（亿元）	企业数量（个）	金额（亿元）	企业数量（个）	金额（亿元）
518	**340.30**	**63**	**11.94**	**817**	**815.77**	**27**	**3.59**
140	30.93	8	0.76	187	194.22	5	0.64
62	102.80	12	1.35	95	322.59		
105	29.34	27	5.48	113	48.82	8	1.71
23	21.68	3	0.07	37	14.82	1	0.01
40	36.79	3	2.70	53	22.20		
16	13.84			28	25.53	1	0.06
17	20.33			50	50.44	3	
13	1.57	2	0.31	48	23.16	2	
30	33.08	5	1.24	45	23.69	4	0.72
24	0.60	1	0.01	46	26.75	1	0.20
5	0.10	1		15	13.26		
19	29.65			38	22.81	1	0.24
10	0.24	1		24	13.75		
14	19.34			38	13.74	1	

附　　录

主要指标解释

主要指标解释

房屋施工面积 指报告期内施工的全部房屋建筑面积。包括本期新开工的房屋建筑面积、上期跨入本期继续施工的房屋建筑面积、上期停缓建在本期恢复施工的房屋建筑面积、本期竣工的房屋建筑面积以及本期施工后又停缓建的房屋建筑面积。多层建筑应填各层建筑面积之和。

房屋新开工面积 指报告期内新开工建设的房屋建筑面积，以单位工程为核算对象，即整栋房屋的全部建筑面积，不能分割计算。不包括在上期开工跨入本期继续施工的房屋建筑面积和上期停缓建而在本期复工的房屋建筑面积。房屋的开工应以房屋正式开始破土刨槽（地基处理或打永久桩）的日期为准。

房屋竣工面积 指报告期内房屋建筑按照设计要求已全部完工，达到住人和使用条件，经验收鉴定合格或达到竣工验收标准，可正式移交使用的各栋房屋建筑面积的总和。

竣工面积以房屋单位工程（栋）为核算对象，在整栋房屋符合竣工条件后按其全部建筑面积一次性计算，而不是按各栋施工房屋中已完成的部分或层次分割计算。

商品房销售面积 指报告期内出售商品房屋的合同总面积（即双方签署的正式买卖合同中所确定的建筑面积）。商品房销售面积由现房销售面积和期房销售面积两部分组成。

（1）现房销售面积：指在报告期内正式签订买卖合同、已经竣工达到入住条件的商品房屋建筑面积。包括以一次性付款方式和分期付款方式销售的现房建筑面积。

（2）期房销售面积：指在报告期内正式签订买卖合同、正在建设尚未竣工交付使用的商品房屋建筑面积。包括以一次性付款方式和分期付款方式销售的商品房屋建筑面积。期房销售建筑面积竣工后不再结转为现房销售建筑面积。

商品房销售额 指报告期内出售商品房屋的合同总价款（即双方签署的正式买卖合同中所确定的合同总价）。该指标与商品房销售面积同口径，由现房销售额和期房销售额两部分组成。

（1）现房销售额：指报告期内出售的已竣工商品房屋的合同总价款。包括现房销售前期预收的定金、预收款、首付款及全部按揭贷款的本金等款项。该指标与现房销售面积同口径。

（2）期房销售额：指报告期内出售的正在建设尚未竣工的商品房屋的合同总价款。包括出售房屋前期预收的定金、预收款、首付款及全部按揭贷款的本金等项。该指标与期房销售面积同口径。

房屋竣工价值 指报告期内按规定已经上报竣工的房屋本身的建造价值。一般按房屋设计和预算规定的内容计算。包括竣工房屋本身的基础、结构、屋面、装修以及水、电、卫等附属工程的建筑价值；也包括作为房屋建筑组成部分而列入房屋建筑工程预算内的设备（如电梯、通风设备等）的购置和安装费用。不包括厂房内的工艺设备、工艺管线的购置和安装，工艺设备基础的建造；室外的水、暖、电、卫、道路工程、挡土墙等环境工程的费用；办公和生活用家具的购置等费用；购置土地的费用；迁移补偿费和场地平整的费用及城市建设配套投资。

房屋竣工价值不仅包括该竣工房屋在报告期内完成的价值，也包括跨年施工的房屋在本期以前完成的价值。未竣工而转让给其他单位的房屋建筑工程，出让单位不计算竣工价值，待接受单位继续施工并符合竣工条件后，由接受单位计算其竣工价值，包括出让单位在出让前所完成的价值。房屋竣工价值一般按结算价格（或中标价）计算。

待开发土地面积 指经有关部门批准，通过各种方式获得土地使用权，但尚未开工建设的土地面积。

本年土地购置面积 指在本年内通过各种方式获得土地使用权的土地面积。

资产总计 指企业过去的交易或者事项形成的、由企业拥有或者控制的、预期会给企业带来经济利益的资源。包括企业拥有的土地、办公楼、厂房、机器、运输工具、存货等实物资产和现金、存款、应收账款和预付账款等金融资产。资产一般按流动性（资产的变现或耗用时间长短）分为流动资产和非流动资产。其中，流动资产可分为货币资金、交易性金融资产、应收票据、应收账款、预付款项、其他应收款、存货等；非流动资产可分为长期股权投资、固定资产、无形资产及其他非流动资产等。根据会计“资产负债表”中“资产总计”项目的期末余额数填报。

负债合计 指企业过去的交易或者事项形成的，预期会导致经济利益流出企业的现时义务。包括银行贷款、借款、应付账款、应付职工工资、应付职工福利费、应缴税金等企业负有偿还责任的债务。

负债一般按偿还期长短分为流动负债和非流动负债。根据会计资产负债表中“负债合计”项目的期末余额数填报。执行企业会计准则或《小企业会计准则》的企业：负债合计=流动负债合计+非流动负债合计；执行其他企业会计制度的企业负债包括流动负债和长期负债。

主营业务收入 指企业确认的销售商品、提供劳务等主营业务的收入。根据会计“主营业务收入”科目的期末贷方余额填报。执行2006年《企业会计准则》的企业，如未设置该科目，以“营业收入”代替填报。

土地转让收入 指房地产开发企业按国家规定在报告期转让已经开发的土地和未经开发的土地所得到的收入。根据会计“利润表”和相关核算资料计算填报。

商品房屋销售收入 指房地产开发企业在报告期售出商品房屋的收入，一次收款的，一次性全部计入销售收入，按合同规定分期收款的，可按合同规定的时间分次计入收入。根据会计“利润表”和相关核算资料计算填报。

房屋出租收入 指房地产开发企业在报告期内，在不改变现有财产所有权关系的条件下，将企业的全部或部分房屋出租给其他单位或个人使用所得到的租金收入。根据会计“利润表”和相关核算资料计算填报。

其他（主营业务）收入 指房地产开发企业在报告期内从事除以上收入外的其他业务活动所得到的收入，包括配套设施销售收入、代建工程结算收入等。根据会计“利润表”和相关核算资料计算填报。

年末从业人数 指报告期末最后一日在本单位工作，并取得工资或其他形式劳动报酬的人员数。

年末零售营业面积 指批发和零售业企业用于本企业从事零售业务的对外营业的面积，不包括其办公用房、仓库加工场地以及对外出租场地。按年末实有建筑面积统计。

年末餐饮营业面积 指住宿和餐饮业企业对外提供餐饮服务的就餐面积和从事食品加工、烹饪、调制的厨房面积，不包括办公用房和仓库等面积。按年末实有建筑面积统计。

营业收入 指企业经营主要业务和其他业务所确认的收入总额。营业收入包括“主营业务收入”和“其他业务收入”。根据会计“利润表”中“营业收入”项目的本年累计数填报。